良種紙上播
善筆植心田
心田
心田文化
U0130748

欽定四庫全書　子部七

卷二　卷四　卷五　卷六

中國命相學大系20

太清神鑑

綜合篇

〔後周〕王樸　撰

易天生　註釋

目錄

【太清神鑒】

卷三

卷四

卷五

卷六

自序

不經不覺地「太清神鑑——五行形相篇」出版了半年有多，一直都在為這書的下半部份作註釋，寫寫停停地，終於也完成。

此書之難，在於其文字密集，坊間版本每多錯字，我本來採用的版本就要很用心去對錯，發覺有些字是不通文理的，其後找來了四庫全書版本的太清神鑑，這版本是通過清代的多位學者校官嚴格審核，才收入四庫全書中，於是筆者又重新校對一趟，花去了大量精神和眼力，令老花加深了不少。相信已把錯漏減至最低，但筆者以一人之力去註釋和編寫整部太清神鑑，著實難度很高，如讀者發現錯漏之處，還請見諒。

本書之難解處尚不止此，就是其傾向於傳統，文詞用語有時並不在面相，而在於佛道兩家，深藏著出世之哲思，為了保留原著的神髓，又不至於偏離相學之入世，故兩者取其中道，發覺讀起來更添文化氣息，故比起一般時下相書，本書確實是多了幾分智慧與修養。

為了現時出版界的舉步艱難，心田文化以後的命書，也會與時並進地，採取精品化的策略，為的只是尋找生存空間，繼續為廣大讀者提供作品，大家且拭目以待。

最後，希望大家仍然以鍥而不捨的學習精神，繼續努力閱讀，而作者也以打不死的精神，繼續為各位寫命理書。

易天生寫於：2021年10月六日

凡例

一　本書共六卷，分成上，下兩冊推出，前一和二卷獨立成書，名為：「太清神鑑－－五行形相篇」。

二　本書主要是三至六卷，大部份講述相學哲理，著重內在的心法，有著儒、釋、道三家的理論。

三　前兩卷是太清神鑑的外篇，而本書則為內篇，故有大量內在相法，如：氣色、聲音、形神等等。

四　讀者最佳的閱讀途徑，是先讀五行形相篇，再讀本綜合篇，如此觀相便可先取形相，後明因果。

五　本書文字繁多，只能擇其精妙處作註解，讀者最好先淺讀原文，然後才細閱註釋，以收相輔相成之效。

由於出版生態的改朝換代，一切都正在演化中，應運而生的就是「電子書」浪潮，由歐美開始，繼而是台灣，打開了新世代閱讀之門，加上近年的疫情影響，門市和發行的成本不斷上升，影響實體書生態，所以心田文化經架設了全新舞台，踏入了電子書的行列，如果大家仍然很難或買不到易天生的作品，那最佳方法便是用手機或電腦，隨手一按，即可一覽無違地，購買易氏最新及過去的重要作品，閱讀方式不同，但卻帶來方便。與時並進。

卷三

心術論

形不勝貌，心不昧術，久昧者，不明也。為物所役，故屈於用心，為事所奪，故謬於擇術。卒至兇咎、悔吝之及也，然後怨天尤人，比比皆是。每一念想，未嘗不為太息。

久昧不明

在前兩卷的「太清神鑑－－五行形相篇」裡，各位都學了不少形相心法，往後是接續全書註釋。

外形是講一個人的整體，相貌泛指五官五嶽，觀人相以五官比外形重要。我們的心要不能昧，心昧則雙目神昏，一時間的心神不定是常有的，但久而久之便會產生「久昧不明」的情況了，那時即使有很好的五官及種種好形態，都會大大減分。

這裡還有另一個解析，書中說心不能昧，昧則其術不明，長時間的蒙昧，有些假的說法便都會產生，假很易會變成真，但學術不能昧，必須很清晰，否則世間便會產生很多疑惑及悔吝，但放眼目前的社會現況，大多數人都是為世所役，以致屈於用心，這情況實在令人嘆息，這是原文的感想。

然臨事制物，正心術而可取者有七，乖心術而不可取者，亦有七。所可取者何？一曰忠孝，二曰平等，三曰寬容，四曰純粹，五曰施惠，六曰有常，其不可取者，一曰陰惡，二曰邪穢，三曰苛察，四曰矜誇，五曰奔競，六曰諂諛，七曰苟且，此皆出心術之不同，而感於異也。此古人有論心擇術之戒也，或曰：「心術之不可取與所可取者各有，此於形可得乎？」曰：「貌端

氣和者忠孝，骨正色靜者平等，眉開眼大者寬容，氣和閒暇者純粹，面開準黃者施惠，鼻直神定者有常；剛肅貌古者剛直。有是七者，在所取也。眼凶神露者險惡，眼下嫩色者邪穢，眼深肉橫者苛察，眼有忿氣者矜誇，眼急色雜者奔競，視流容笑者諂諛，氣粗身搖者苟且。有此七者，為心術，在所不取也。

古人論心術

書中古人亦有兩種擇心之術，分可取與不可取。以下先說可取者之面相特徵如下：

貌端氣和　骨正色靜　眉開眼大　氣和閒暇

面開準黃　鼻直神定　剛肅貌古

以上都是古法論相，較古之相法，著重於五官及形神骨格方面，但卻不

下停飽滿

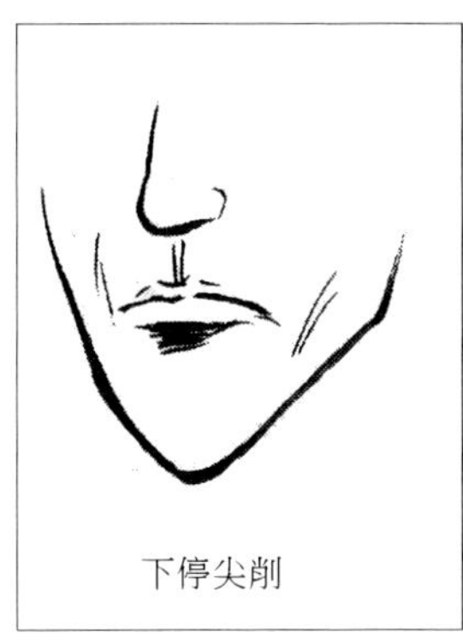
下停尖削

易理解，如果用較簡淺易明的現代相法去演繹，可能較易於讓讀者明白，以下是作者對正心術的新解讀。

正心術　正：可取

跟據上一部太清神鑑的卷一和卷二，我們便可以配合面相來取貌，筆者補充了「心術論」的正負兩面，可取的面相如下：

忠孝、平等、寬容、純粹、施惠、有常、剛直。

忠孝者

對人對事忠誠，對父母孝義者的面相，多數兩耳垂珠、眼睛黑多白少、嘴厚唇紅、下停飽滿。

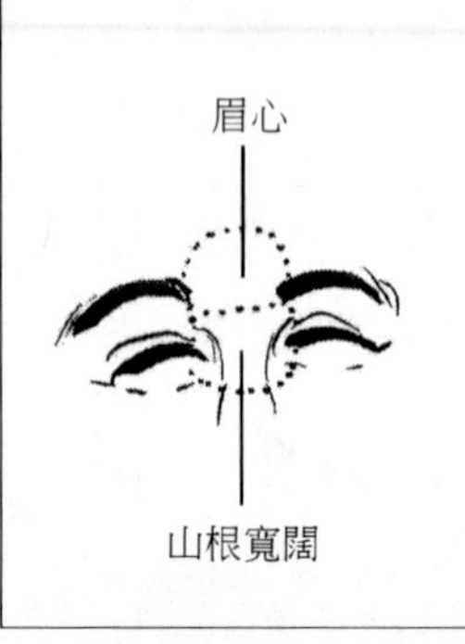

除此又要貌端氣和，即相貌端正，呼吸平和不急，這也是忠孝者的基本形態。

平等者

世上有些人追求平等、公義、其人每多鼻正嘴方、眉濃眼神正，而骨正色靜是指面上五官骨正不歪，氣色閒靜不急，武俠明星曹達華的面相，就有著以上的種種特徵，故而在螢光幕上，其正義形象深入民心，可以看到他是鼻正咀方、眉濃、眼神和骨皆正。

寬容相

處事待人夠厚度，其人心平氣和、眉寬鼻正、嘴有稜角。眉開眼大者心地光明，其人眉眼張開

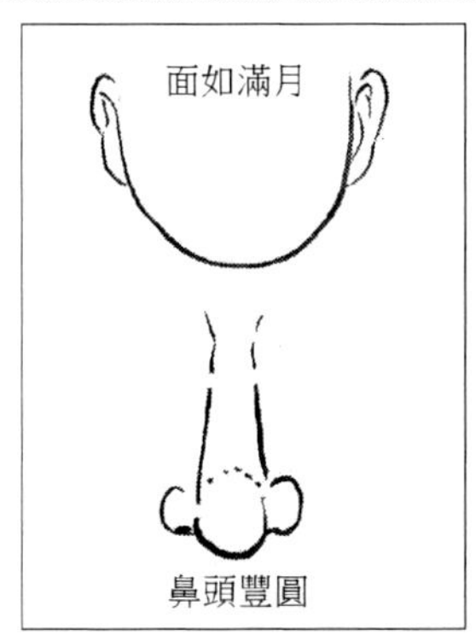

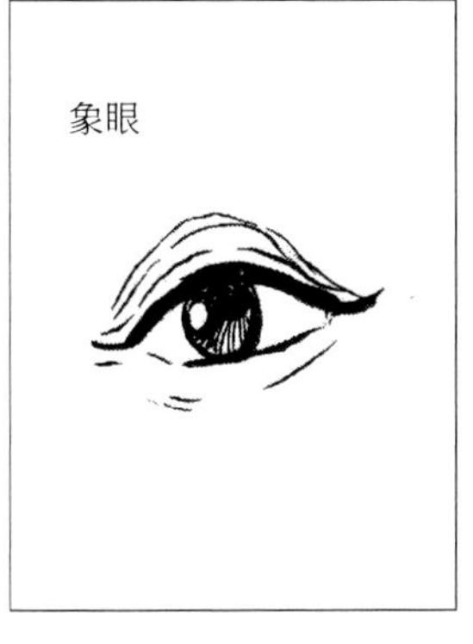

時，眉心和鼻樑山根部位都比較寬闊，故而性格都很豁達平和。

純粹相

這是指性格純真可愛的人，其相每多面如滿月，圓渾帶水形，鼻頭豐圓，眼神清澈。如能兼氣和閒暇更添純粹氣質。

施惠相

樂於佈施的善心人，每見雙眼有幾重眼波，此為象眼，主善心人，又眼睛黑多白少、兩眼崖岸不走、面開準黃，即面開闊，鼻頭色黃明，這都是樂善好施者常見的面相。

有常相

守常規的人，古時尤為重視，這類人鼻圓有肉、法令深明、齒白而齊。如鼻直神定，更能堅守本位，其忍耐力之強，會能人之所不能。

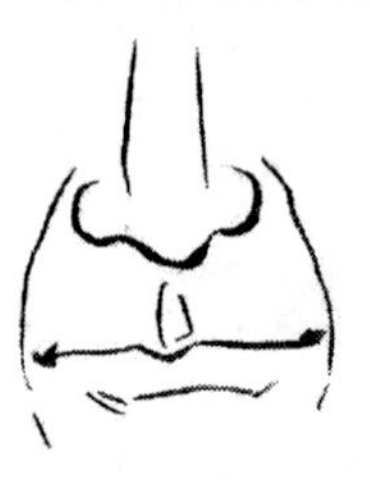

法令深明

剛直相

勇敢率直者，其兩眼神強神足，鼻直高挺，眉骨略起即是。文中說到剛肅貌古，這是指嚴肅和高古相，表示其人氣質與別不同。

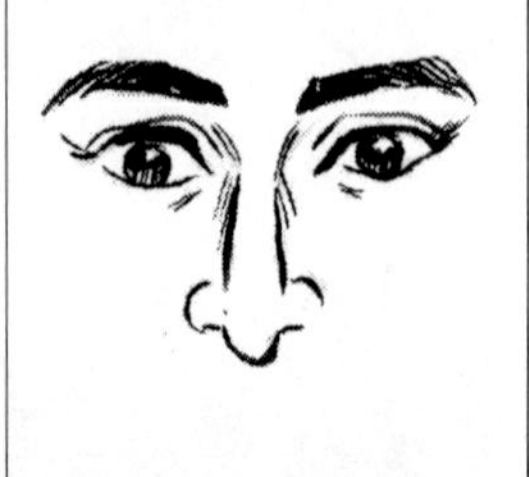

神強神足

乖心術　負：不可取

古人擇心之術不可取面相特徵如下：

眼凶神露　眼下嫩色　眼深肉橫　眼有忿氣

眼急色雜　視流容笑　氣粗身搖

以上便是古之論相法。

「正心術」中現代相法，負面不可取者如下：

陰惡、邪穢、苛察、矜誇、奔競、諂諛、苟且。

我們可用心術不正來形容以上這些人，故面相都有不少共同點，現細分如下：

陰惡者

陰險而奸惡者，其人眼神閃縮不定，眼帶三角形，覆舟口，即嘴角下垂。而眼凶神露，是凶性外露的惡人居多。

嘴角下垂

邪穢者

心邪而帶污穢者，其眼斜視、五官多偏側不正、

鷹嘴鼻、即鼻頭尖勾。人的眼下有嫩色，須要分清是否烏暗隱悔不明，這多數是長期失眠所致。

苛察者

平素對人苛刻，不懂體諒別人，此為刻薄者，其相口薄、鼻骨粗、鼻起節、顴骨尖露、法令太深。至於眼深肉横，是指眼眶陷而面肉横生，會凶惡又心理不平衡，對於這類人，必須提防。

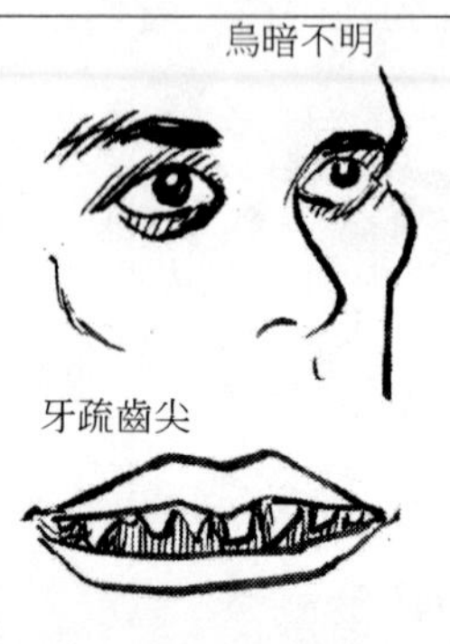

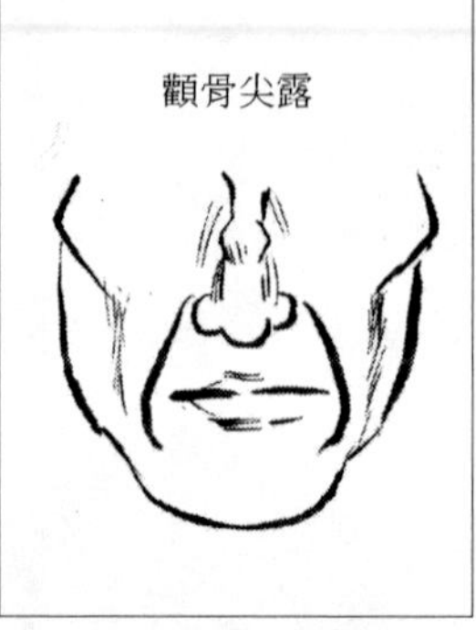

矜誇者

浮誇之人，每見其牙疏齒尖、雷公嘴、露齒、眼凸露四白。如又見其眼有忿氣，便是個憤世嫉俗之人了。

奔競者

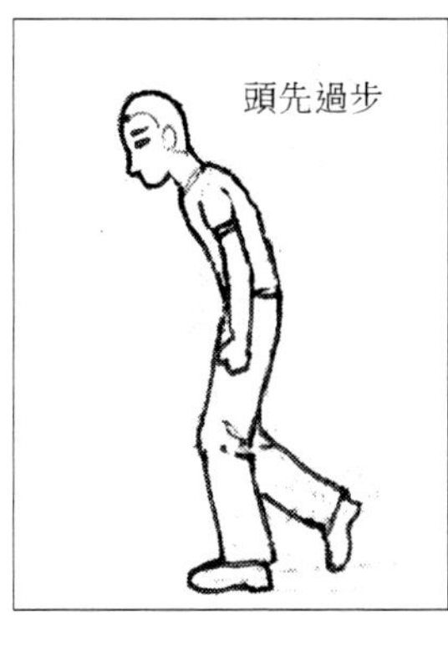

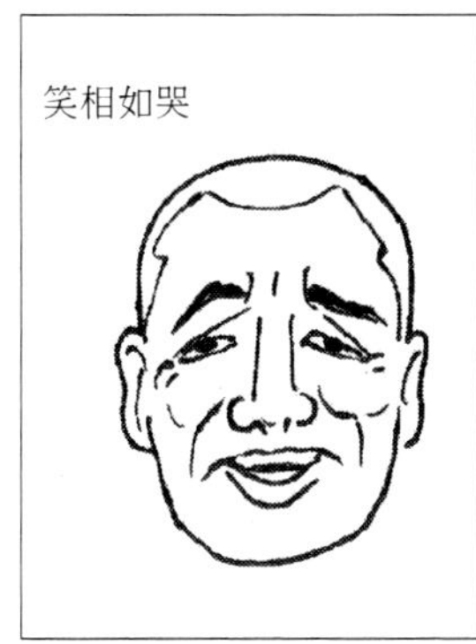

有些人做事好爭又好勝，喜歡踩低別人來抬高自己，這類人的眼神急露、聲如破鑼、蛇行，即頭先過步、眼急色雜、即眼神急、氣色混雜，其人爭名逐利之心甚強，以至適得其反。

諂諛者

喜歡奉承位高權重者，八字眉、眉和眼尾低垂、笑相如哭、顴低鼻薄、視流容笑，這裡須加以說明，一個人常流露笑態是件好事，但若其笑容有「流視」情況便不好了，流視即目光流露、至於眼浮笑意，簡單來說即皮笑肉不笑。

苟且者

作事馬虎，不負責任者，其人雙目無神、鼻翼窄

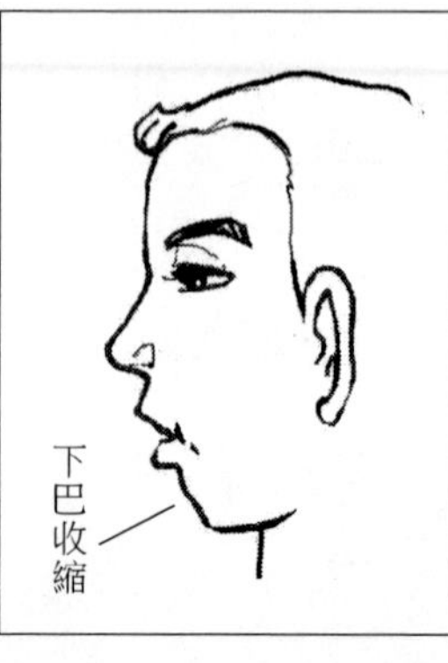

小、地閣即下巴收縮而小。另外書中提到這類人會氣粗身搖，意指氣息粗而不清，其人粗魯之餘，加上常搖手足，有句話說人搖福薄，樹搖葉落，可想而知是相中之忌，因此做起事來一點都不認真。

如眼下肉生，龍宮福堂，黃氣盤繞，是有陰德之人也。夫德物無心，臨事無物，體道而出，體道而入，世間種種，一無於吾之靈臺，果何心術之有哉？所謂心術者，乃以勉人之不及已。懼而行之，亦可以同歸乎善，而受道也。《玉管照神》「七可取」同

臥蠶，龍宮

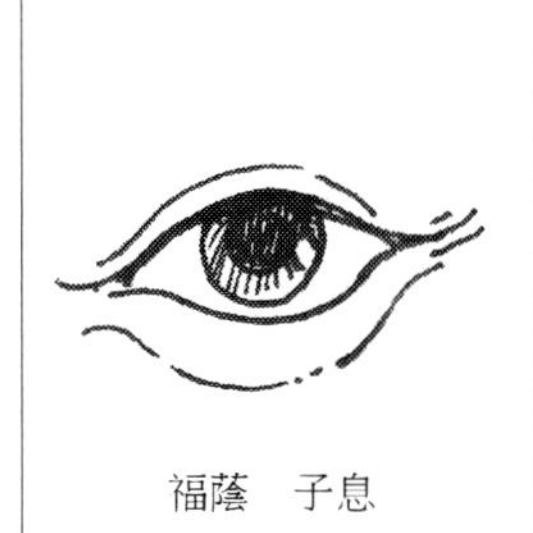
福蔭　子息

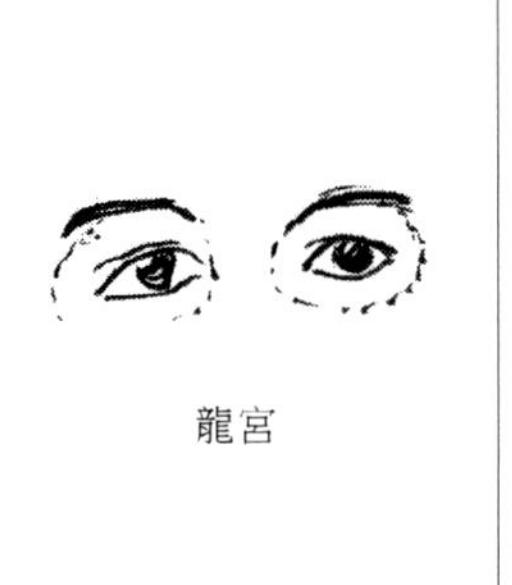
龍宮

這在看相中至為實用，除了看惡人奸人外，好人亦不能不懂看，文中以眼下的肉，即「臥蠶」為福德之接收地，而圍著眼外框是為「龍宮」，這一帶都是人的福堂，善人之臥蠶有肉微起，龍宮亦不凹陷，有肉和色黃明，其人必為多作善業，厚積陰德。相學之道，無非是擇善避惡，知人行惡便以一己所能去導人向善，警醒執迷不悟之人，如此則相之一道大矣。

論德

德之為義大矣哉！天之有大德也，四時行而長處高

地，之有至德也，萬物生而長處厚。人之有德也，亦若是矣。是故人道祐之，人心歸之，享長生之榮，且能孝於親，能忠於君，能和於人，能齊於物。為德之先，為行之表。雖未陽賞，必獲陰報，未及其身，必及子息。

德之先，行之表

只要人善有品德，自然會在行為中表現出來，故而有相可尋。在看相算命者而言，品德是放在第一位的，如果相命者沒有德行，便會做成世間的混亂，德有天德、地德和人德，這是天地人三才，亦是面相的上中下三停，其中意義重大，學相的人能在論相時表明因果道理，自必能廣積陰德，福報相隨。

是以善相者，先察其德，後相其形。故德美而形惡，無妨為君子；形善而行

凶，不害為小人。荀子曰：「相形不如相心，論心不如論德。」此勸人為善也，又言其德為先矣。夫形者，譬之匠也。材既美矣，匠拙則棄之，乃為不材之木也。人之形美矣，苟無德，則形以虛美，而天禍人損遭之，凌辱無疑也。是知德在形先，形居德後，乍可有德而形惡，不可形善而無德矣。

有德而形惡

形惡之人，相有先天缺憾，但憑著後天努力，改善行為，又或者江湖中人，亦有重義扶危者，故不能一概而論，但這在面相中會不易察知，必須很有經驗的相者，才有能力察覺出來。

例如人的顴鼻和眉骨都粗露，眼卻藏神不露眼白，口大而露但聲音清亮等等，都是有德而形略惡之相，這與相書的「十俗一清」相同，亦屬於形不美而有德之相。

十俗一清

十清一俗

形善而無德

這是一種笑裡藏刀之相，世間上有不少這類人，造成很多社會上的矛盾，要細心觀察並閱人無數相者，才能分辨，學相最有用莫過於能洞察真假偽善。這類人每多十清一俗，主要都是從人的眼神和聲音氣息中辨別，面相雖端正，如五官相配及朝捧，但眼惡聲濁或面皮青薄便是，當中還可以作各部位之細分。

死生論

古之至人以生為勞佚，以死為休息。是以知來去，非我而可以生，可以死也，將獨立乎萬物之上，斡旋乾坤於太虛之中。果何得死生而相邪？此鄭之神巫，見帶人子，始以其子不可複治，終則未死而老也。徒下愚而不知道，汩沒世事，認己為有，認物為我，以生為可悅，以死為可惡。

生爲勞，死爲休

本文的論點有點出世，就如佛道兩家，都是帶有出世的思想，說及生與死，已經是脫離面相的範疇，但如果以修道修心之士來說，從事於論相的，又著實不少，故亦宜重視。

認己爲有，認物爲我

無為無我乃佛家的思想中心，對人間的事物，甚至一切都主張出離，但

俗世人卻以物欲為我所有，不知道在生時雖可擁有一切，但死後便是一無所有，故大多數面相學術，都是一套世間法，滿足現世人的慾望要求。

雖說佛家思想與面相學無關，但是否真的如此呢？卻又不然，佛佗就有「三十二相，八十種好」，以下便給大家節錄出來：佛的三十二相：

如來足下有平滿相，妙善安住猶如奩底，地雖高下，隨足所蹈皆悉坦然無不等觸，是為第一。

如來足下千輻輪文，輞轂眾相無不圓滿，是為第二。

如來手足悉皆柔軟，如來羅綿勝過一切，是為第三。

如來手足一一指間，猶如鴈王咸有鞔網，金色交絡文同綺畫，是為第四。

如來手足所有諸指，圓滿纖長甚可愛樂，是為第五。

如來足跟廣長圓滿，與趺相稱勝餘有情，是為第六。

如來足趺脩高充滿，柔軟妙好與跟相稱，是為第七。

如來雙瑞漸次纖圓，如毉泥耶仙鹿王瑞，是為第八。

如來雙臂修直傭圓，如象王鼻平立摩膝，是為第九。

如來陰相勢峰藏密，其猶龍馬亦如象王，是為第十。

如來毛孔各一毛生，柔潤紺青右旋宛轉，是第十一。

如來髮毛端皆上靡，右旋宛轉柔潤紺青，嚴金色身甚可愛樂，是第十二。

如來身皮細薄潤滑，塵垢水等皆所不住，是第十三。

如來身皮皆真金色，光潔晃曜如妙金臺，眾寶莊嚴眾所樂見，是第十四。

如來兩足、二手掌中、頸及雙肩七處充滿，是第十五。

如來肩項圓滿殊妙，是第十六。

如來髆腋悉皆充實，是第十七。

如來容儀洪滿端直，是第十八。

如來身相修廣端嚴，是第十九。

如來體相縱廣量等，周匝圓滿如諾瞿陀，是第二十。

如來頷臆并身上半，威容廣大如師子王，是二十一。

如來常光面各一尋，是二十二。

如來齒相四十齊平，淨密根深白逾珂雪，是二十三。

如來四牙鮮白鋒利，是二十四。

如來常得味中上味，是二十五。

如來舌相薄淨廣長，能覆面輪至耳髮際，是二十六。

如來梵音詞韻弘雅，隨衆多少無不等聞，其聲洪震猶如天鼓，發言婉約如頻迦音，是二十七。

如來眼睫猶若牛王，紺青齊整不相雜亂，是二十八。

如來眼睛紺青鮮白，紅環間飾皎潔分明，是二十九。

如來面輪其猶滿月，眉相皎淨如天帝弓，是第三十。

如來眉間有白毫相，右旋柔軟如睹羅綿，鮮白光淨逾珂雪等，是三十一。

如來頂上烏瑟膩沙，高顯周圓猶如天蓋，是三十二。

是名三十二大士相。

以上的佛相，大家會發覺到，有不少都與人相學有關連的，例如面如滿月，足下平滿等等，若平常人都帶有一些佛相，相信是與佛有緣，幾生修來的好面相和好福報。相信大家對佛相這方面有所認識，進而有所研究，將會對命相學術有一定的提升。

佛相圖

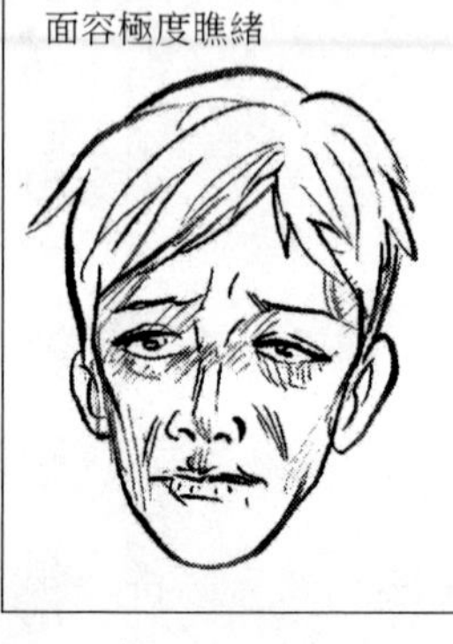

面容極度憔悴

內焉所藏於心，思慮縈縈，妄意一生，面目乃變，使人得以相之。故神昏者死，神亂者死，神浮者死，神雜者死，以此言談動止俱失，當不過數旬而死矣。須與看淺深而斷，然不可拘也。嗚呼！死生亦大矣。世之迷者，須與看淺深而斷，然不可拘也。嗚呼！死生亦大矣。

神昏，神亂，神浮，神雜

一個人有諸於內，必形諸於外，而且是從人的面目形神處得見，神昏是形容人雙目無神，面容極度憔悴，每見於久病難愈的人。神亂則每見於精神錯亂者，或極度神經緊張的人，現代人很易出現這

種現象，要懂分開。神浮者有二，一是眼精上吊，露下三白，二是眼球浮凸，其人容易心浮氣燥而出意外，最後是神雜不清，眼神混濁，其人每多營營役役過活，為世所役。致於是否反映人之將死，還須視乎昏亂浮雜情況深淺而定，故不要拘泥。

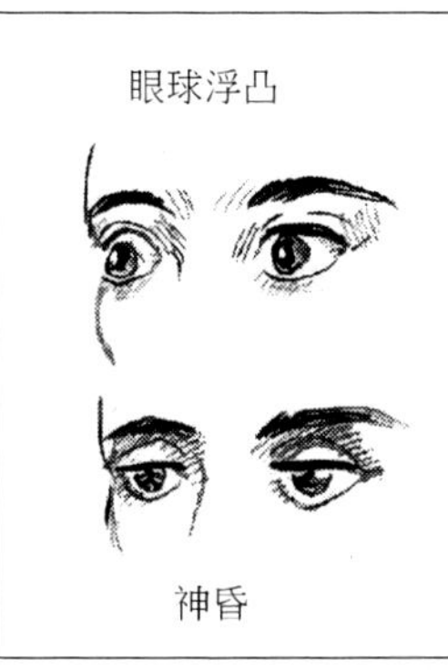

世之迷者，改頭換面，沉溺苦海，不知究也。胡不斷所寂滅觀相，識本來面目，一證人事。如曰不然，未免流轉死生之途，而受苦惱也。

流轉生死

這個亦屬於佛家的名詞，十二因緣，揭示了生

與死的秘密，執迷不悟的人沉溺苦海中，不明佛理，不知因果，便會流轉生死，每天都活在苦惱之中，因此面相和佛學互相結合，能令世人迷途知返，那相學便能入大道了。

以下節錄了作者另一部佛學繪本，「西遊解心經」裡的有關十二因緣的淺白解釋：

「佛教的根本理論「十二因緣」裡，「無明」就是人從出生到死亡循環過程的其中一個關鍵點。過去世無始以來的貪生煩惱，便是無明。十二因緣包括：無明、行、識、名色、六入、觸、受、愛、取、有、生、老死。這就好像一個時鐘的一至十二小時一樣，流轉不息，人的生命就是這樣地開始了又結束，周而復始，無明的角色便是無始以來的一個生命體，緣盡了便死，死了又再無明、行、識……老死……從過去到現在，從現在到未來，未來又成為過去……」此即為佛家的智慧「十二因緣法」。

（轉載自：西遊解心經十二因緣圖）

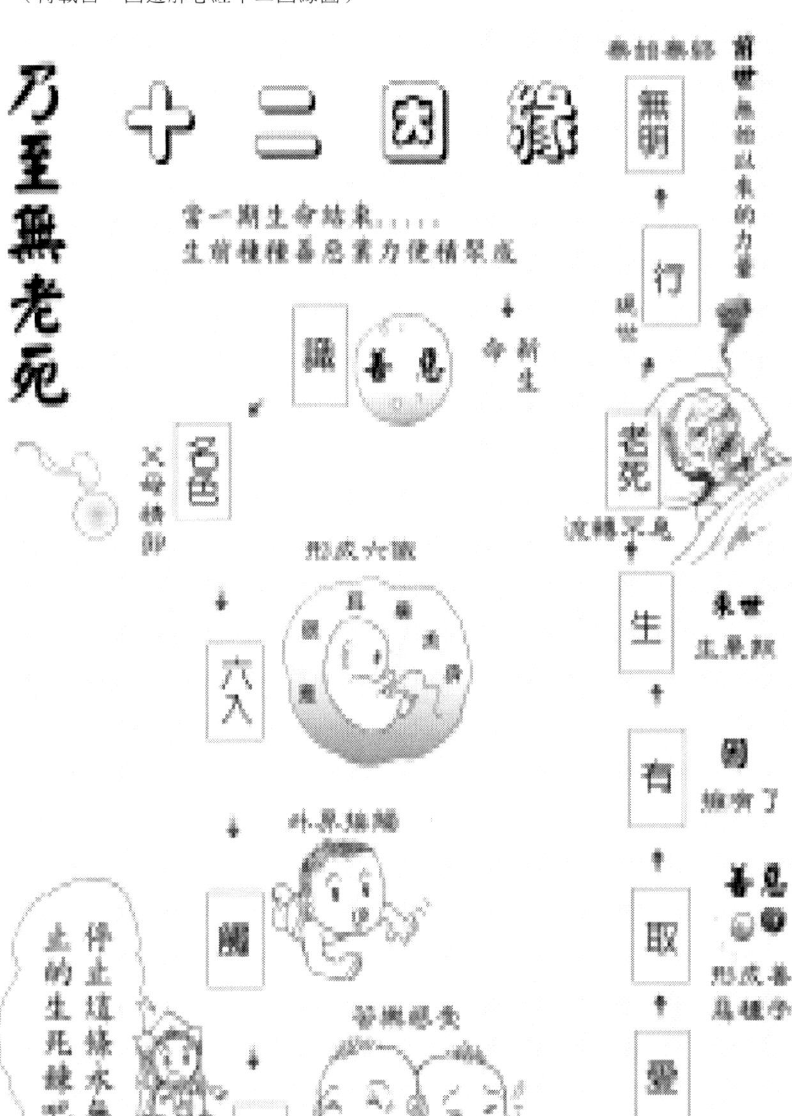

論神

神之為道，出而不可見，隱而不可求，故虛而無形也。則是所要之於心，隱而無像也。則可測之於形，昭昭然見於眉目之上，幽幽然運於五臟之裡。故人云晤晝則神遊於眼，六德則神思於心，是神出處於形而為之表，猶日月之光，外照萬物，而其神隱於日月之內也。且夫人之眼明則神清，昏則神濁。清則六德多，六昧少；濁則六昧多，六德少。

神遊於眼，神思於心

眼神是沒有形體，全靠雙眼的發放而取得訊息，故隱藏於內心深處，難被人輕易捉摸。說到眼神之相法，可以很高深，因神藏於五藏之內，再發露於眉目之上。

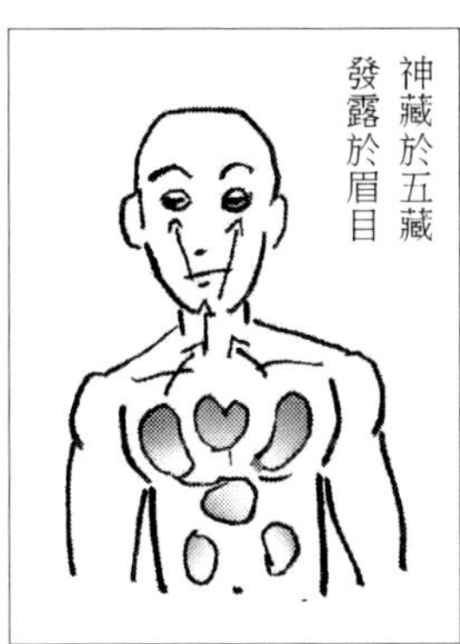

眼明則神清，昏則神濁

簡單來說，眼神中帶有人的六德，何謂六德：聖、智、仁、義，忠、信。

這裡說得很清楚，眼明者神清，眼昏則神濁，已經把眼神的基本要點道出，雙目要神清，六德才會充足，方有大好前途及作為，神濁則六德缺，其人蒙昧而前路茫茫。

只要相者把握好這點道理，看相的準確度亦能有所提升。

夫夢之境界，蓋神遊於心，而所遊遠亦出五臟六腑之間，與夫耳目視聽之內也。其所遊之象與所見之

事，或因想而成，或遇事而至，亦吾一身所自有也。故夢中所見之事，乃在吾一身之中，非出吾一身之外矣。故白眼禪師說夢有五境：一曰虛境，二曰實境，三曰過去境，四曰現在境，五曰未來境。是神躁則境生，神靜則境滅。則知是境也，由人動靜而生者也。

夢之境界

本文說到人的夢境，實離不開外境，當人接觸到外在情境時，其體內便會形成意識影像，故於夢境裡所見的事物，可分成五個境界，分別有：

虛境、實境、過去境、現在境、未來境。

修道坐禪的得道者，其神識都能夠在定境中察覺到真理，所謂世間一切境與物，終歸都會隨生隨滅，佛家更把人生存於現世比作是一場大夢，你我都在夢的狀況中，有待覺醒。

神躁境生，神靜境滅

這也是佛道哲理，佛家有云，人生只不過是一場不真實的夢境，故而借白眼禪師的開示作為借鏡，指出即使是看相算命，探得人生吉凶起落，也都只是夢境一場而已，如果一個人能「神靜」，於眼前的富貴浮雲，種種命運變化，都只是一場虛空，不值得太重視，佛家所謂緣生緣滅，套用在神識之上亦無不可，故有「動則生境，靜而境滅」之解說。

（禪相坐圖）

夫望其形，或灑然而清，或翹然而秀，或皎然而明，或凝然而瑩，眉目聳動，精彩射人，皆由神發

於內，而見於表也。其神清而和、明而澈者，富貴之像也；昏而濁、柔而怯者，貧薄之相也。實而靜者其神和，故於君子善養其性者，無暴其氣。其氣不暴，則形安。形安而神不全者，未之有也。《玉管》云：詳而靜者其神安，虛而急者其神躁

清，秀，明，瑩

所謂有之於內，形之於外，眉目間的稍動，便有種透射力散發而出，若是神清而和，明而徹，定非常人，富貴易得，最忌神昏神濁，神不清又太柔太怯，都是貧薄之相。

君子善養性

詳而靜則神安，神虛而急則神躁，犯者亦是低下之人，因此有修養之君子，平素靜坐或練氣功，保持心平氣和，盡量不動氣，長期形神安詳，故而

氣運上佳。

又云：氣者，陰陽之移人，無寒暑之故，不其難乎？彷彿之間，變則有氣。神則同乎氣，而有所主也。及乎氣變而有形，神止乎形而有寓也。變而有生，神則未嘗生。變而有死，神者未嘗死。古之得道者，不染塵埃，不沒於事，為知神之妙，與太虛同體知神之微，與造化同用，則為聖人至人、神人。

太虛同體、造化同用

大凡得道之聖人與神人，都是能與天地合一，

化為一體，與大自然同氣，故不為塵世所污染，而且能超越生死，說到這裡已是離開了人相學，且是跳出五行之深奧道理。

為用如此，是形在人事間者，神則藏於心，發現於眉目之間。猶未失其本眞。則以古為上，清次之，藏次之，媚又次之。如流散昏濁，是其從謬至迷，一至如此，不足論也。聳然不動，視之有威，謂之古。澄然瑩澈，視之可愛，謂之清。怡然灑落，視之難捨，謂之媚。各得其體格神氣而賦之，未有不為公卿。達而上，則神仙矣。媚雖有貴，乃阿諛讒佞之人。雖在朝廷，身之進退，亦何足數？似明不明，似峻不峻，謂之流散。似醉不醉，似困不困，謂之昏濁。嗚呼！人之喪精失靈，不知神之所謂。以至為萬物同出入於機，不知覺也。

古，清，藏，媚

觀神以「古」為至要，是指雙目神強且足，望而生威，此為眼神之首選，主多為人中之龍，成就非凡。

其次是眼神「清」，眼神清澈如早上澄清之水，雙眼晶瑩通透，一望而令人生歡喜心，其人多為智者，高雅之士。眼神「藏」者，雙目藏神，神不外露，每見於氣定神閒者，主必得安康，修養尤深。

最後是「媚」，眼神柔媚，給人一種一見難忘的美態，令人心生仰慕和愛護，這在歌影明星中，受眾人擁護者最為常見。

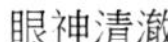
眼神清澈

眼神柔媚

喪精失靈

人在朝庭或政界，很容易便身不由己，做著己所不願的事情，故神色也是變化不定，當為官者或當政者，神色變得喪精失靈時，即雙目忽起變化，變得「似明不明，似峻不峻」時，便會產生流散的眼神，當更進一步出現「似醉不醉，似困不困」時，便會產生昏濁的眼神，如果當政者的雙目忽然現出了這兩種眼神，無論在朝和在大機構裡，那些有權位的人，都會在迅間失運失勢下台，甚至下野。

以上這種種似是而非的眼神，因為是時隱時隱現之故，相信非但不能用圖像繪寫出來，即使是真有其人擺在眼前，亦未必能憑肉眼分辨，除非有無數實際觀人經驗的相者，方有此能力。

論神有餘

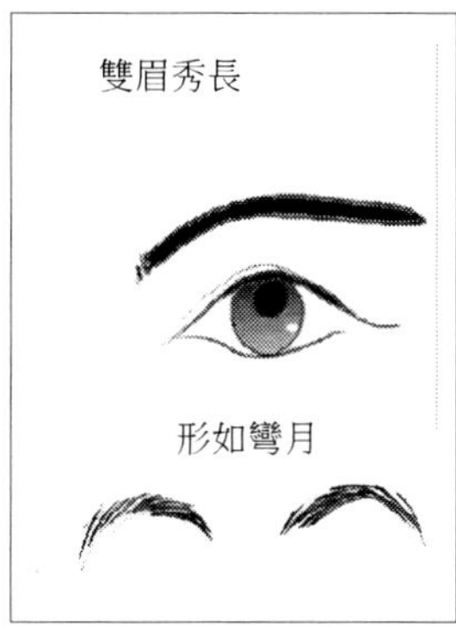

神之有餘者，眼色清瑩，顧盼不斜，眉秀而長，精彩聳動，容貌澄澈，舉止汪洋。灑然遠視，若秋月之照霜天；巍然近矚，似和風之動春花。臨事剛毅，如猛獸而步深山；處衆超逸，似丹鳳而翔雲路。其坐也，若介石不動；其臥也，如棲鳥不搖。其形也，洋洋然如平水之流。昂昂然如孤峰之聳。

神有餘的形態

眼神有餘者，神色清澈如玉之晶瑩剔透，眼正視而不斜視，此正人君子之相徵，又雙眉秀長過目，形如彎月，有華彩毫光，整個容貌都很清澈，

沒絲毫昏濁及流散之感，這便是神有餘了。

若以筆者理解，這神有餘仍有可補充之處，人的眼神一樣，不宜用之太過，留有餘地便最好，所以神色不宜太急露，藏神者自然心平氣和，眼神有餘，只要有以上的形神意態，就已如書中所述的多種要求了。

言不妄發，性不妄躁，喜怒不動其心，榮辱不易其操。萬態紛錯於前而心恒一。斯皆謂神有餘也。神餘者，皆為上貴之相。兇災難入，天祿永保其終矣。

神有餘的行爲舉止

神有餘者都是個有修養，重操守的人，不會妄言和躁動，這也屬於佛家「一心不亂」的狀況，是屬於貴顯之吉祥相，可獲神明保佑，在世間可以終

身捧祿豐厚，有福澤伴隨，這尤其以一個當官及從政者而言，更是重要非常。

論神不足

神之不足者：不醉似醉，常如病酒；不愁似愁，常如憂慼；不睡似睡，如睡才覺；不笑似笑，忽如驚忻。不嗔似嗔，不喜似喜，不驚似驚，不癡似痴，不畏似畏。容止昏濁，似染癲癇；神色慘愴，常如有失。恍惚倉皇，常如恐懼。諺語澀縮，似羞隱藏。體貌低催，如遭凌辱。色初鮮而後暗，語先快而後訥。此皆謂神不足也。神不足者，多招牢獄枉厄。有官亦主失位矣。

神不足，主失位

精神恍惚

上面所指的皆為神不足的狀況，眼神昏沉無力，有著各種不好的神情，而且是不自覺地透露出來，經常精神恍惚，人生的低潮便會由此而起，當官者會失職，任重者會出大錯失，相信很快便會位置不保。

論氣

論一人之至好，禦二氣以成德，交通而和也，則萬物遂其性命；乖戾不調也，則萬物失其理。此乃天地之氣，見乎變化也。石蘊玉而山輝，淵藏珠而川媚。由夫至精之寶，見忽山川也。萬物之情美，莫

不發乎氣，而見乎色矣。夫形者，質也。氣者，用也。氣所以充乎質，質所謂運於氣，是以由氣以保形，由形以安氣。故質宏則氣寬，神安則氣靜，得失不足以動其氣，喜怒不足以亂其神，則於德為有容，於量為有度，是謂厚重之福之相也。形如材，有松柏荊棘之異，氣有規矩準繩之工，隨材而成器，隨形而製體。

二氣成德

天地之氣者，天之氣，指的是氣候變化，地之氣則為萬物，例如山水之變易，這都是經過無窮世代的生生不息而來，於是人類的形相氣質，亦包含在其中。

發乎氣、見乎色、氣保形、形安氣

故此世間萬物，當然包括人的形相，都發乎於氣，氣質，現於色，表於五官，以察得失，故以氣保形，是指人的面貌受到內氣所管，而形能安氣，則是指外相生得好，於是主氣能內藏不洩。基本上，形氣二者是本位一體的。故質宏即氣寬，神安則氣靜，得失不能動其氣，喜怒不會亂其神，具道德者有容乃大，也有量度，是厚重者之福相。

以上是很高深難測的觀相方式，也是古法相人之道理，非常人所能理解，今人以五行形相，配以五官和五嶽等方法作解，較為平實。

質宏氣寬、神安氣靜、形如材、有鬆柏荊棘之異，氣有規矩準繩之工，隨材而成器，隨形而製體。

人生的成敗得失，並不是人本身所能夠控制，這裡便以質宏和神安，氣

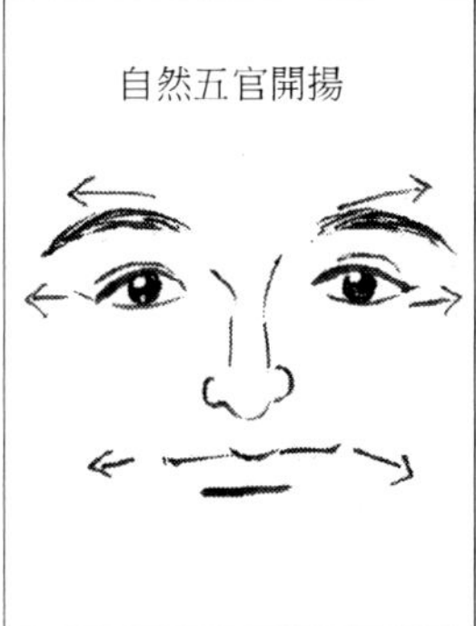

寬與氣靜來作解釋，氣寬之人有氣魄，自然五官開揚，骨格隆起，而氣靜之人其著眼處在眼神和氣度，故而安靜詳和。

因此人的面相，外形各異，內在氣質卻有一定的規範，故人的成長，隨著外形和環境而成就今天的面相，但內裡便不容易看出來，須要久觀其人之神態舉止和談吐，方能掌握。

故君子以形為善惡之地，以氣為騏驥之馬，善御之而得其道也。是以善人之氣，不急不暴，不亂不躁。寬能容物，若大海之洋洋；和能接物，類春風之習習。剛而能製，萬態不足以動其操；清而能

潔，千塵不足以污其色。小人反是，則不寬而隘，不和而戾，不剛而懦，不清而濁，不正而偏，不舒而急，但視其氣之淺深，察其色之躁靜，則君子小人可辨矣。氣長而舒和，寬裕而不暴者，為福壽之人；急促而不勻，暴然見乎色者，為薄淺之相也。且氣之為道，又發乎顏表，而為吉凶之兆也。其散如毛髮，其聚如黍米，望之有形，按之無跡。出入一面之部位，又應人之禍福。若氣呼吸無聲，耳不自聞，或臥而不喘者，謂之龜息，壽相也。其或呼吸氣盈而動者，乃為夭死之人。孟子不顧萬鍾之祿，以善養其氣者也。爭升合之利，而悻悻然戾其色、暴其氣者，何足道哉！

君子之相不：急，暴，亂，躁

本文是說君子有高尚的氣度，不急不燥，古時以騏驥為優質之千里馬，以駑馬為劣等馬，而這裡則以氣來定人之貴賤等級，並以形相察善惡品質，故君子與善人之相，定必形神並佳，如若形神並重便不容易隨時勢改變，可得到長久氣運了。

小人之相：反而偏

小人之相反而偏，主要表現於面上的缺失之上，有隘、戾、懦、濁這四方面。致於小人的面相狹隘，其臉必窄、面必小，眼現暴戾氣或雙目無神，因此性格也必流於懦弱。又見人目光呆滯、眼白混濁、氣重粗濁、聲音沙啞等，都歸類於小人之面相。

面上的氣與色

文中所說，發乎顏表為吉凶之兆，這說明氣色可觀眼前吉凶，望之有形色可見，散佈於面上某一部位，以謀處表現吉凶訊息。

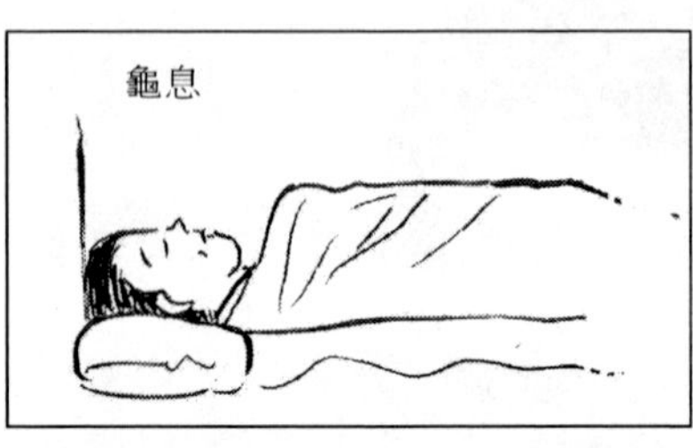

龜息

歷來佛道兩家都追求打坐修煉，各自發展出呼吸法門，佛家禪修，道家煉丹，到了高深的境界時，都會有不用鼻孔呼吸，而以身體毛孔呼吸。命學則指這是長壽健康相，但一般沒有通過長期修煉的人，並沒有這種龜息的能力。雖然如此，但如果普通人的呼吸是聽不到聲的，入睡很深時也全無雜聲發出，亦算是壽者相。

戾其色、暴其氣

有些人呼吸時，身體會隨著呼吸而動，這種叫做盈動，但換個場合和位置，在醫院裡患重病的人，亦有這種呼吸狀況，因此又稱之為暴氣，壽之將盡或年紀十分之大的老人，都會較常見這種情況。

氣之所以養形，在五臟六腑之間，因七情而斂散。故發於五嶽四瀆之上，有六氣之變，能清濁以無餘，湛然寂如，固山水之淵，非六氣可得而取也。青龍之氣，如祥雲襯月；朱雀之氣，如朝霞映水；勾陳之氣，如黑風吹雲；騰蛇（玄武）之氣，如草木將要灰；白虎之氣，如凝脂塗油；元武之氣，如膩煙和霧。六氣之中，帷青龍為吉。其他或主破散，或主憂驚，或主哭泣，或主陰賊。如骨形不入格，終身為所累。如骨形正當侯得數，然後氣散名顯也。亦看所賦之深淺，而消息之。人有異相不貴，由為雜氣所繞。如遠山奇峰秀嶂，小為雲霧所蔽，不可得而見也。一遇匝地清風，當天皎月，奇峰秀嶂，非特可覽於目前，必使留戀難捨也。

氣養於形

五臟六腑內所藏之氣，發於形相，由七情喜怒哀樂等表現於外，發露於一面之上，故有所謂六氣，分別是：

1青龍，2朱雀，3勾陳，4螣蛇，5白虎，6玄武。

至於文中所用來形容六氣的各種說法都很生動，但應用到觀人面相時，卻須經驗，更須要加上一點想像力。

因為太清神鑑後面的人相註釋篇幅有限，故論氣色的這一節的註釋會從略，讀者可自行參看原文，或許再另立氣色專書，以作探討。

大畜秘神氣歌

天中青色見，年內染溦痾。直下來年上，定主見閻羅。只到天牢上，入獄亦由他。並準青光起，憂驚病至多。青中更有黑，必損自家錢。散下雙衆獄，官事欲相牽。印堂黃氣起，官祿定高遷。白氣家遭喪，青來口舌纏。中正發黃絲，守令職無疑。赤點中心出，公事別妻兒。青光驚必恐，黑色怪神窺。白色憂喪事，迍邅事日隨。白絲攔鼻上，繞口當年衰。黑生一日內，財被賊來欺。黑氣橫長起，夫妻欲散離。白光橫過鼻，子息更妨之。訟獄橫氣起，在禁脫枷災。青絲下眉首，入獄共咨嗟。黑氣如斯至，獄死更無救。赤又浮青色，離獄亦有咎。黃氣生高廣，如鼓掛懸空。百日為明牧，無中定貴封。黃色來四季，應好事千通。色又房心應，官高職轉雄。若佔天中位，榮華與廣同。雙人促一鼓，必定拜三公。入準天中應，侯王列土封。印堂黃似月，魁第扼朝中。日角黃絲發，兄弟有歡恰。白光來庫墓，刀兵自失期。入匱愛財物，元坐鬥訟疑。喧爭觀上下，朱光口舌非。廚中發黃色，喜在六旬餘。或因州府事，得職又非處。房心生日花，飛道入山家。不來日下住，抱疾主顛邪。天庭發黃色，白屋出公卿。青白如還起，高官被罷停。白黃居此位，妻兒人折迎。若遇他人婦，必定共交情。鄉路黃絲發，公卿白日封。赤氣離鄉走，黑光死路中。白色來就額，不出五旬間。走喪終是有，防避定應難。眉頭黃色起，喜事自相迎。若見紅光起，吉慶更加榮。白氣圓眉轉，因之或受驚。直下君須看，入獄見災迍。若下來年上，徒流仔細防。中陽黃氣起，至年定封侯。赤氣來姦坐，婦人外遭偷。尺陽黃潤澤，妻妾豈常人。目下黃來耳，官職自榮身。眉頭生赤氣，准上又相迎。多應一年內，無辜入沓冥。白光遊目下，哭泣即時聞。旋繞眉間轉，家因犯鬼神。黑光迎目下，子息病相侵。若方圓一寸，罪至決歸刑。顴上黃色新，參迎見貴人。白光停巷路，定作遠行身。黃白入姦門，飛來入精舍。婦人自此姦，不論春與夏。直上準頭齊，陰相得盜藉。走去石顴停，妹姊外人話。如至衆人部，定作郎君婦，黃光逕兩耳，年中封壽位。直下似人形，女人得貴婿。赤色在邊庭，渾家被大驚。若上山林際，尖炎滅天形。青光在耳畔，蛇蠍惡侵君。白絲來兩眼，當為病死人。赤光生甲匱，入至命堂中。只因財產上，訟事見災兇。赤色入欄櫪，牛馬不能行。青光被觸損，黑氣至無生。奴婢黑氣起，僕走休諮詰。若有元光發，身當死女家。陂池發青色，田水有凶災。白光防井溺，黑氣墜江衰。部位並生剋，無行意審裁。一虛含萬物，消息屬天才。

紫堂靈應補氣歌

赤色天中年上停，若纏眉際定歸冥。只在天中獨橫立，斯人清晝被刀兵。赤下目來紅潤澤，因功得爵定分明。赤若眉頭分目下，男私外婦女他情。天中白氣來邊地，年內逢災急須避。直下印堂官事起，夫婦生心要離異。黑臨地部愁親病，婦人產難終須定，若為准上入姦門，無故因他婦害命。只來坐上自當身，定是文書來喜慶。黑色天中欲得平，下來雙獄受繩刑。若到年上身遭病，直來入口死於刑。氣似烏虛至顴勢，忽到兩眉憂卒死。若如小帶橫眉上，壽絕人間並無子。圓光黃色天中見，士人必拜公侯面。凡度之流皆主權，氣色四時看改變。狀如鐘鼓下天獄，公卿自至榮高祿。若似蛇狀位星郎，庶人得之進金玉。公庭懸鼓三公相，蠶絲之氣得官祿。色若黃澤一世終，此身必無陷獄刑。印堂黃色方寸明，八旬之內入朝廷。赤身來之主失職，上來忠事堪經營。鼻樑火色憂官擾，青來年上病相縈。白氣當年遭哭泣，黑氣入口死分明。司空黃色應時開。五旬之內橫財來。上至印堂封爵祿，如日初升位輔台。準頭赤色似生麻，八旬之內有喧嘩。若在公門逢此氣，定遭笞撻辱其身。白氣至頤年內死，又知魂魄有虛驚。黑色兩邊憂父母，青光黑白喪親家。人中黃色甚奇哉，不及眉間喜異常。若更通行兩頰上，必定高榮作正郎。可憐藥部生元色，見病之時不用醫。天府黃蔭光潤澤，三旬之內得天才。狀如細柳抽纖葉，身入超堂列鳳臺。若如紫色紅光潤，不出旬中喜語來。闕廷黃色上天中，大拜公侯在季中。若至司中激進退，四方相接入皇宮。武庫紫黃如懸鼓，將軍印綬位非虛。若立若飛來入相，不宜受物寄閒居。兵闌武庫即同看，赤光白日被刀攢。白色外來驚險難，黃光出將見加官。黑氣遭兵須陷死，青光上送無多端。語息四時生改變，此篇靈應須詳觀。

氣色法訣

凡看人氣色，須天色方曉，傍起時，就帷幄中以紙燭照看辨認，方驗吉凶無失。共就簷光處面背，非本分氣色者也。輒不得洗面盥漱飲湯藥，然後看之，亦難驗矣。且五臟初氣色，即早朝面，養息於心，故侵晨觀之，則見五臟五色清氣，朝於面也。其凶惡氣色，無時朝發於面。或觸事憤怒而發，或感物憂喜而成，或飲酒而色赤青，或營乾而亂，理色活漫，皆非本臟之色。一時亟發而成，故吉凶難辨也。其有不於早晚看者，第令凝神靜坐，良久看之，庶幾有徵焉。若夫不拘早晚，酒後醉中，怒間汗後，更不待停而看者，此則又有一時浮暴之氣發見。其先見之吉凶，難可得也。

氣色形狀

青色如瓜，黃色如蠟，赤色如火，白色如脂，黑色如漆。此五者，色之正，

發之甚者也。五臟所生，一曰水。水之於物為精，其臟在腎，其神元冥，髮色為黑，其旺在冬，精具矣則神從之也，二曰火。火之於物為氣，其臟在心，其神丹元，髮色為赤，其旺在夏，神至矣則魂從之矣。三曰木。木之於物為魂，魂者陽物也，其臟在肝，其神龍煙，髮色為青，其旺在春，魂在矣則魄配之也。四曰金，金之於物為魄，魄者陰物也，其臟在肺，其神皓華，髮色為白，其旺在秋，精神魂魄備，其意在焉，故五曰土。土之於物為意，意者精氣也，其臟在脾，其神長黃，髮色為黃，其旺四季也。是故皆朝於一面，而息於五臟也。五色所生定憂辱。青色主憂事，若色厚者主憂重，色輕者主憂微，色散者主要憂鮮，色盛者主憂緊。色白主哭事，若色厚者主大喪，色浮者主輕喪，色散者主外服也，色顯者主喪近也。赤色主擾，若色盛者主刑獄，色濃者主刑死，色暗者主病重，色散者主並瘥也。黃色主喜慶，若色盛者主大慶，色薄者主小喜，色散者主喜退，急者主喜近也。

六神氣色

兩眼黑白分明，神元紅黃，精彩射人者，謂之青龍之色，主遷轉官職，招進財帛喜慶之事。面色赤如撒丹，擾如煙昏者，病臊者，謂之朱雀之色，主有官災口舌驚擾之事。面上拂拂如灰土色，精神昏濁者，謂之螣蛇之色，主驚擾怪夢不詳家宅不安之事。眼色湛濁，黑白不分，神光昏翳，眼下青鋪者，謂之勾陳之色，主牽連負累迍滯之事。兩眼白氣閃閃，似淚不淚，瑩白光者，謂之白虎之色，主喪兇亡服外孝之事。唇黑而顫，口傍左右，黑氣拂拂者，謂之元武之色，主陰私小人相害，失脫損盜之事。

元靈寶文

夫氣之色發天府如豆大，貫鬢邊有黃色應者，主得藩郡之任。黃色光在印堂當中，有一紫色入豆者，一年內主大拜。黃色在天部，貫金匱及連至精舍道衡，又華蓋上盤旋縈繞者，主得兵權，及轉職賞財，兼產，主得貴子。紫色如小蠶許，主將加官，或自封拜，其次領鎮。如顴骨上兩道黃色橫者，主出外必當，喜事旬日至。如青色從耳門前出，下臨大海者，受少驚恐。若黑來，主有聞憂內應。黃在兩法令上，及連至準頭者，橫財四十日內應。更壽上有應者，得財萬貫已上。青在山根，通過兩眼頭者，主陰私公事。紫色從兩天中天府直下者，又如蠶絲，三五月半年外作丞郎。青色從天庭上如韭葉大垂二寸者，主外服期至十日至。紅色如梧桐子許在地部上，主百日內在南方領郡。天中黃色直下來中正者，八十日內恩賜詔書至，少赤色眉上垂下者，主勘事。青色或在目上，赤色垂貫眼，及顴上赤者，四十日內憂危刑法。印堂有黑赤極分明，命門青者，一月內中風，六十日內死，潤澤赤者即

不死。赤色從耳門出似馬肝色，此是將染腹疾之厄。赤色如筋在准上下至人中，二十日內被人損，外口舌公事至。赤色從年上分貫兩顴者，八十日內有大殺，公事及身不至死。地部上起赤色者，吃酒濁病。赤色貫兩令上者，憂公事，四十日至。赤色從鼻尾中下入家捨者，奴婢中有陰私口舌事成。赤色如毛，從耳邊出，至及蘭台上應者，一月內主馬失墜厄。眼頭上下有黃色下垂者，左是男喜，右是女喜，及妻有喜。赤色從眉頭連心頰額邊出者，主虧官物、被堪責事情，二十日內至。如黃色似蠶絲錢許者，貫左右兩眉毛上，更印中應時八十日內，主朝判府推也。色黃如印足起貫邊地者，二十日內遭公事失位遠行之憂，若黃色應即解之。赤色從太陽上起入邊地起者，被損失眼瞼。色如筋許從外入者，被人謀己，從內出者，擬有相訴之說謹慎。眼上下瞼俱赤者，主家有重病人。若印部有左右赤色，憂父母厄。年上微赤，主患脾之並，老不至安。壽上及準頭者，亦憂重病。若色從金匱起，貫連壽上甲匱不到懸壁，主得財，其喜兼得水土官，一年內至。東起貫大海內，當年主水災。地部紫色圓黃色，主貴顯。赤色如撒者，二七日內主爭訟事。或如麻筋在兩法令上入獄厄；微赤，刑欲，併兩肝來鬢上至爭競之事。黃色如筋斜兩位者，主東南上勾當公事得財，或丁部南上奉使得財物。若更臨金匱如車輪者，得財萬數。

色論

天之蒼蒼，其色正邪，雲霧乃其氣耳。人之賦形受命，於天地相為流通，是所稟之氣有變動，而色有定體也。定體之色，不止於蒼蒼，其屬有五行之異。金色白，木色青，水色黑，火色赤，土色黃。得正色為五行，不相剋者不滯為貴，雜色蔽之即差。然色之正，不可無氣，現日月角溫粹可愛為貴。

如枯燥昏暗，不獨難發，亦平生多主脾胸心腹之疾，水火獄訟之厄。或因骨肉法部局可取，縱發則災立至。古人有蠶吐絲之說，自頷而開。其吐絲也，通體明快。人之將發，自準頭而開。其頓發見無翳，則職分不免有凶。或無瑕翳，則全吉矣。更在知五色所生，非吉凶之屬，論色無出此者。有神色未透天庭亦發者，是其準頭開而得部位貴，皆以相應，不必至天庭也。或有陰晴未定，不必至準頭也。所謂貴處，印堂、帝座、內府、驛馬、龍虎、日月、地角是也。無貴而頓覺，是謂不詳。此說非言可盡，修養之功，消息之至可見矣。若夫觀之寂然，難取難捨，有道者之色；觀之瑩然，不雜不亂，得意者之色；如嬌如滿，自得者之色；視之慘然，陰合陽散，細人之色；視之茫然，如得如失，有憂之色。其頓發皆準頭也。（《觀妙經色論》同）五行之人，得其本色，或得相生之色者善。五色得地者，春色要青，夏色要紅，秋色要白，冬色要黑，又盡善也。（餘與《瑋琳洞中秘密經》同）司機旺、相、休、囚：春三月青色旺，赤色相，白色囚，黑

色死；夏三月赤色旺，青色相，黑色囚，白色死；秋三月白色旺，赤色相，青色囚，黑色死；冬三月黑色旺，白色相，赤色囚，青色死。

四季氣色形狀

春欲起，夏欲橫，秋欲下，冬欲藏。失其時者，皆不利也。亦猶四時物理。且春欲起者，春有出生之象；夏欲橫者，夏有長養之象；秋欲下者，秋有收斂之象，冬欲藏者，冬有閉塞之象。其有或方或圓，形象萬端者，亦在別術斷之。

青色出沒

青色初起如銅青。將盛之時，如草木初生；欲去之時，如碧雲之色，霏霏然

浮散。五行屬木，旺在春，相於夏，因於秋，死於冬。發則主憂。枯主外憂，潤主大憂。混主遠憂，三主憂解，應在亥卯未日及月，以色深淺斷之。

青色吉凶歌

天中光澤得詔貴，枯燥須憂詔責亡。秋色發從年上去，陰私口舌厄難當。陽尺憂行兼疾病，天庭主客系堪憂。交友婦須通外客，司空或起被徒囚。巷路但成百里威，太陽定與妻相打，外傷枉死被讒言。若是太陰連如日，必遭縣宰惡笞鞭。房小春發當生子，壽上當憂口舌牽。坑塹對須看大怪，陂池蛇怪（壽上應以上同）不堪言。山林花鳥妖呈異，欄櫪馬牛有怪迍。忽在井灶釜鳴響，不然井溢湧寒泉。命門甲匱憂兇厄，準頭兄弟父母喪。散失主邊防失職，人中愁有別離傷。承漿不如當遭病，大海須防水溺亡。若臨日月須憂賊，若有川文官祿

全。日角臨蠶如傅粉，印堂退口病延遲。道上或逢憂阻滯，山林蛇虎厄難當。若來金匱並牆壁，財物三旬共可傷，姦門怕被外妻撓。眼下橫來病苦纏，壽上若逢憂病厄，更憂債負禍來煎。口畔入來憂餓死，更兼枉濫事相牽。三位因傷子孫損，半日之間入墓眠。天門三十日財至，天井圓珠武官位。病人值此病難安，因人見之尤迍滯。

黃色出沒

黃色初起，如蠶吐絲。將盛之時，如薾之未纖，或如馬尾。欲去之時，如柳色之花，摶聚班駁然。五行屬土，旺在兩季。相於春，休於夏，因於秋，死於冬。又為胎養之。發則皆主吉慶，但不宜入口，即病瘟疫。如則在酉申寅年戌日應之，旬則在子戌辰旬應之，萬無一差，須以深淺斷遠近為定耳。

黃色吉凶歌

黃色天中列土分，圓光重大拜公卿。更過年上井灶部，有功常受賜高勳，或如月出照年上（天中入），定當宿衛入朝門。若經兩闕即徵拜（天中入），金匱詔賜帛與銀（天中入）。忽至闕廷官驟轉（天中入），不然即是得財盈。或是龍形須受賞，如懸鍾鼓主槐庭。若似蠶絲官必得，春來年上喜忻忻。武庫光潤將軍福，亦主喜慶陽尺並。母墓喜並田宅事，更宜父母少災迍。司空百日得財寶，右府里內敕來徵。重眉交友如棋子，七個旬中左右丞。更過（重眉過）山林天中者（上至天庭），徵為博士最為榮。印堂如月六旬內，拜作將軍鎮百城。便似連刀天庭至，下及準頭亦分明。斷他縣令忽遷轉，長吏分官直闕庭。火體發明多喜慶，亦言遠信至邊巡。山根聽向皆稱遂，太陽必定得財慶。少陽喜慶重重過，魚尾有吉引前行。若似龍形年上見，連色天中拜上卿。眉眼之下有子像，左黃生男右生女。婦女有以反前

諭，金匱家內財帛人。壽上柳葉主財入，歸來遠信至中庭。出自準頭庭衝位，驟貴封侯起有乘。蘭台必得尚書綬，內廚酒食倍逢恩。大海帷宜涉江（上至天庭）者，日月三公位顯清。甲匱牛馬喜方成。眉位有園多好事，酒樽酒饌得豐醇。

赤色出沒

赤色初起，如火始然。將盛之時，炎炎如絳繒。欲去之時，如連珠累累然而去。於五行屬火。旺在夏，相於春，因於秋，死於冬。發，主公私鬥訟口舌驚擾之事。潤，主刑厄。細薄，主口舌鞭笞。應寅午戌並巳未如，旬中則辰戌，以色定之。

赤色吉凶歌

天中連印筆頭赤，中旬車馬驚令死。下來年上爭競災，左右遠行須病住。陽尺驚恐厄鬥生，武庫友婦折傷災。天庭必有憂囚事，若見司空鬥罵來。交友朋求離別去，在職當憂上位刑。無職定同父友鬥，額角如值死於兵。印堂爭鬥被憂囚，若在山根驚怕憂。太陽夫妻求離別，年上暴厄亦堪愁。又卻斷他生貴子，房中妻不產賢侯。三男三女病災迍，壽上如豆與妻爭。年上準頭連發此，夫妻爭鬥太難明。命門甲匱須兵死，準頭官府事牽縈。牆壁之上財必失，外圓當紫得官榮。武官巡捕看魚尾，盜賊收擒倍稱情。牛角看來牛馬厄。山林蛇虎又堪驚。忽眼下如蠶絲發，妻子因何爭鬥聲。金匱姦門招撓事，承漿為酒起喧爭。陂池井部相連接，因水逢財卻稱情。田上見之田地退，口邊橫入禍全生，酒樽酒肉宜相會，地閣田岸有訟成。若在山林須慎

火。又兼家內損財並。命門發到山根上，更過眉上左耳平。只定六旬遭法死，婦人右耳疾來頻。

白色出沒

白色初起，如白塵拂拂。將盛之時，如膩粉散點，或如白紙。欲去之時，如灰垢之散。五行屬金。旺在秋，相於夏，囚於春，死於冬。發，主哭泣憂撓。潤，主哀泣。細，憂重；浮，憂輕；散，病瘥。應在巳酉醜日，旬在子戌旬中應之，及秋月。

白色吉凶歌

天中春色來年上，鬥戰刀兵事可愁。左廂必定主憂惱，陽尺將行走外州。發在姦門因婦女，皮乾入獄內遭囚。又主男女相妒害，交友婦須被外求。山根見者主憂囚，男女逢他必死憂。壽上徒囚君不見，堂上父母死堪愁。命門甲匱兇來急，內廚酒肉致傷亡。承漿逢見身當喪，大海遭時主水殃。印堂白氣哭爺娘，若在命門兄弟當。姦門若招主私動，中岳橫紋家有喪。日月角中憂重服，法令陂池腳足傷。眼下橫紋夫婦鬥，準頭還是競田莊。地閣橫遮牛馬損，若侵年壽死公婆。入口分明憂口舌，困倉上有賊還多。

黑色出沒

黑色初起，如烏鳥尾。將盛之時，如黑髮濕膏。欲去之時，如落垢味。五行屬水。旺於冬，相於秋，因於夏，死於春。發，主病災厄。潤，主死亦兵

亡。枯翳客死，散主病痊。日應在申子辰日，旬應在甲寅旬及冬月，以旺為應。

黑色吉凶歌

天中必定失官動，忽於顴上似官刑。若還至下來年上，病患相纏喪此身。天獄年上應獄死，高廣逢時病主亡，陽尺過來兇可得，天庭客死在他鄉。四煞賊來成兇賊，司空病疾苦纏身。右府生來憂此位，重眉不利遠行激。額角黑廣善為偷，印堂移徙看他州。山根必死於旬日，太陽疾病厄堪憂。牢獄至眼憂牢，法令入口形分八。更有眉頭青色應，白日飲酒還醉殺。眼目更兼赤色間，二旬或訟見血光。外陽發被人欺劫，年上憂死困災傷。男女憂他男女厄，壽上入耳卒中亡。命下甲匱遭燒死，準頭憂病外來殃。黑髮三陽黑氣多，失官停職事波波。更上發來年壽上，天中有黑見閻羅。黑氣入口死於夏，顴上兄弟婦奔逃。姦門切忌女相干，日角若臨妻亦亡。井部黑氣水溺死，印堂退先非謬假。橫飛壽上防逢災，六十日內須應也。黑氣額上父母死，生來眼下子孫殃。若見下來年壽上，自然病起入冥途。黑氣三陽至盜門，姦死賊寇豈堪論。更見黑氣鼻準上，知君財破避無門。黑生妻部及年上，妻厄身災非是旺。更兼入井下陂池，切記水殃心莫忘。黑氣朦朦散面門，四季切忌小災迍。若生口入氣廚灶，必定遭他毒藥人。黑色天中年壽上，更從地閣似煙籠。又如黑色初發散，此個須與命必終。眉間橫入左右耳，百日之中人定死。天明天井忌失財，驛馬常防遭險墜。虎角頻遭虎犬傷，人中井部水中亡。年壽山根同位斷，地閣爭田訟見殃。若侵法令遭公訟，大海見之奴婢逃。牆壁生來合中岳，定歸泉下哭聲高。

紫色出沒

紫色初起，如兔毫。將盛之時，如紫草。欲去之時，如淡煙籠枯水，隱隱然得土木之餘氣，為四時胎養之氣。亦旺在四季，更無休囚。發皆為吉，應日亦與黃色同意矣。

紫色吉凶歌

紫色天中八時分，蘭台月角得財頻。法令生來逢印信，終是刑名不及身。壽上俄然一字橫，家中新婦喜分明。天門川字將軍祿，天井圓珠享大榮。元壁福堂知積慶，若當地閣創家居。山根忽有終加職，驛馬全生喜有餘。元壁左邊遷官職，山林精舍喜相須。陂池位上增餘福，中岳橫紋貴自如。

十天羅

十天羅者，天之凶殺之神也。人亦有所像，多滿面黑色四起，為死氣天羅；白色者，為喪哭天羅；青色者，為憂滯天羅。局又云：《玉管照神》「青色深者，亦主喪死。黃色者，為疾病天羅；如脂膏塗抹者，為酒食天羅；眼流而視急者，姦淫天羅；色焦如火者，為破敗天羅；如醉如睡者，為牢獄天羅；笑語失節者，為鬼掩天羅；氣如霧昏者，為退散天羅也。

論氣色定生死訣

凡氣色者，額上忽有氣如塵抹者，名曰醫無休廢，六十日內死。額上連髮際黑氣，或白氣狀如蚯蚓橫起者，名曰連天休廢，二年內死。左右鼻孔黑氣橫過如虛氣者，名曰垂起休廢，不出六日死。左右取下如塵黑氣者，名曰靈光體廢，一年兇死。頤下拂拂如塵行連項者，名曰纏命休廢，八十日內死。印堂上有赤白色血者，名曰毀祿休廢，受極刑死，九十日內死。鼻上忽忽如塵起或如粉塗者，名曰理獄休廢，主居官破位，三年內死。左右額上拂拂如塵起者，名曰傍行休廢，二年內死，財破六親離厄。左右兩眼忽有白氣貫入神光者，名曰災神休廢，一百日內死。口四邊白色旋繞者，名曰守魂休廢，五十日內死。左右耳邊忽若塵成兩三條者，名曰飛天休廢，一百日內刑獄死。左右耳輪後氣如粉氣者，名曰飛天休廢，六十日內死。腦後連腦，白氣如塵飛起成條者，名曰貫中休廢，三十日主死，決也。

定病氣生死之訣

五臟有五氣，五氣各有時。春三月白氣入口鼻者死。此得因死色也。餘皆仿之。凡看病人，青色從上入下者易瘥，從下去上者難愈。凡常白忽黑、常黑忽白、常肥常瘦、常瘦暴肥、神魂常靜、而恍惚似醉者，色澤常青、而忽昏濁如暗者，豐足不常之變，盡為卒死之兆矣。病人目冥冥妄視舌捲縮者，謂之心照，即日死。面色慘黃唇青短縮者，謂之脾絕，不出十日死。齒牙幹焦耳黑而聾者，謂之腎絕。不出旬日死。口張不合，眼睛反惡者，謂之肝絕，不出旬日死。肌膚枯槁，鼻黑孔露者，謂之肺絕，不出旬日死。凡人目下五色並起者，不出十日死。發直乾脆者，不出半月死。面色忽如馬肝，望之亦如青龍之黑，不出三日死。四墓發黑者死。年上橫黑氣者死。五命廢得紫色者，皆得鬼色死之人也。

卷四

論形神

二氣未判，則一體冥寂；天地既形，則萬物成體。物之有體也，則其性；人之有形也，則其神。形神相順以成道，相資以成德。故人之生也，有形斯有神，有神斯有道。神須形而始安，形須神而始運。蓋形能養血，血能養氣，氣能養神。是以形全則血全，血全則氣全，氣全則神全，兩者不可不備。其或神形有餘，則為有福之兆；或形神欠虧，乃為禍之基。故神足於形為貴，形過神者為賤。乍可神足而形不足，不可形足而神不足也。

形神相

本文主要是論到形神二氣的進程，由二氣未判到形神相順，最後成道，其過程如何，而文中再進一步提到形神有餘與虧欠，這題目在前面都已詳細

註解過，大家重溫即可。

形神足與不足

一個人的神很重要，寧可外貌略遜，人的精神仍要充足，氣宇不凡，其貴氣仍然可取。相反形足而神不足者，即使是際遇運程順，但其身份亦屬低微，這方面時常都會疏忽了，所以看相不能只看表面，是不夠準確的。

論形

夫人之生也，稟陰陽沖和之氣，肖天地之形，受五行中正之質，為萬物之靈。故頭圓像天，足方像地，眼目像日月，聲音像雷霆，血脈像江河，骨節像金石，鼻額像山岳，毛髮像草木。天欲高而圓，地欲方而厚，日月欲光

天欲高而圓

明，雷霆欲震響，江河欲流暢，金石欲堅，山岳欲峻，草木欲秀。故形也，有陰陽剛柔之義，有五形正類之體。其男子也剛正雄略，乃得陽之宜也；女人也柔順和媚，乃得陰之宜也。其形分於五行者，木形長瘦，金形方正，水形肥而圓，土形重而厚，火形赤而上尖。形正而不陷，乃五行正氣。其或水火相傷，金木相犯，皆為不合之相也，多招災禍之凶。

萬物之靈

人類既能接收天地之精華，故也與天地融和，取得陰陽之氣，這証明人亦是大自然的一部份，只

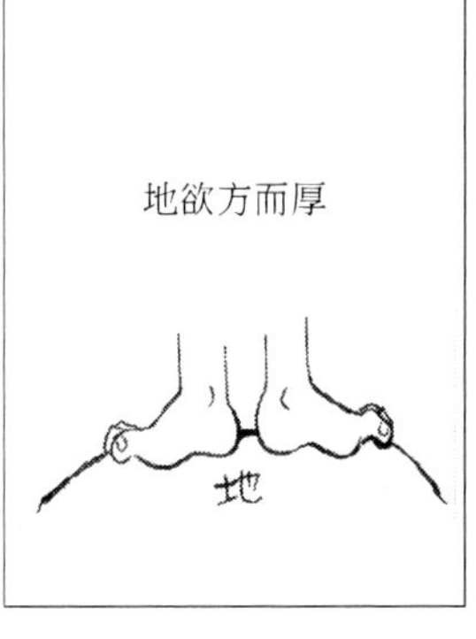

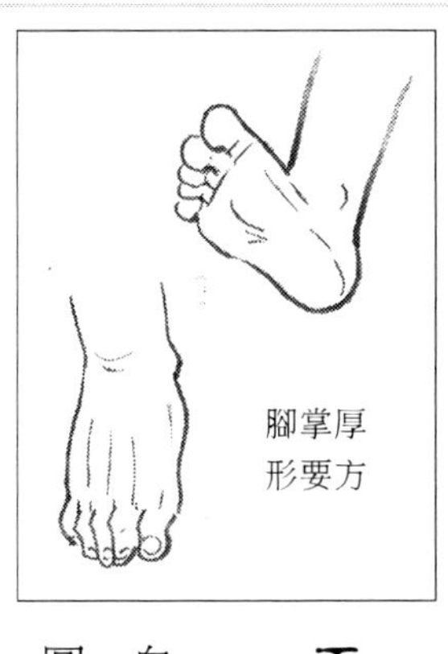

要這樣想，便不會覺得內文太過艱深。文中將人的外在形體，與天地結合如下：頭圓像天、足方像地、眼目像日月、聲音像雷霆、血脈像江河、骨節像金石、鼻額像山岳、毛髮像草木。原文精彩萬分的形容，實令人有頗深的體悟，讀者諸君若能多作細味，這對各位於觀相的造詣定然加深。

天欲高而圓，地欲方而厚

頭部是面相的主要部份，重要非常，就有如大自然的天空一樣，高高在上，故頭額最宜高、又宜圓，這樣正好是中國古書常指的天圓地方。天圓地方又代表了地面上的發展，人的足底下的腳掌正好

與地同體，腳下要站得穩，腳掌便要厚，其形更要方，這樣才能夠支持身體，令氣安神穩。

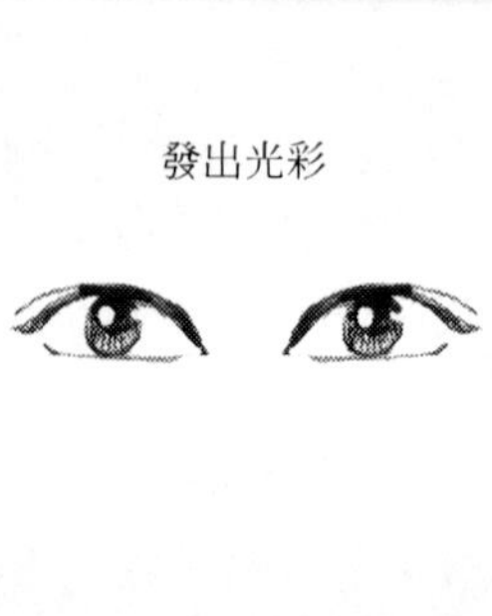

日月欲光明

一雙眼睛代表了日月的光明，身體上任何一個部份，都不能與之相比，眼睛能發出光彩，能夠與人溝通和表達喜怒哀樂，而眼神亦由此而發露。

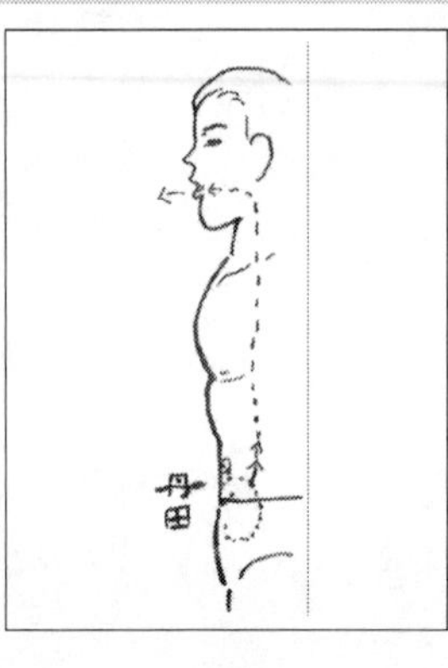

雷霆欲震響

天上行雷像人類之聲音，發聲部位以聲出自丹田為佳，聲音要響亮不暗，這才是有氣的表現。

聲從內而外，好的音聲發出來雖然不是很大，但卻像有回音般的餘蘊，令人聽之而生起敬佩之心，因此一個有著崇高地位的領導人物，都會有著令人心底產生共鳴之聲音，更有一種震懾的力量。

江河欲流暢

血脈在人體佔很重要的位置，尤其是身體健康，現代人很容易有血壓偏高或太低的問題，這是心血管毛病的警號，中醫更會把脈以察血脈內在運行，探知身體機能。由此而知血液流通，實在對身體有著至為重要的作用。

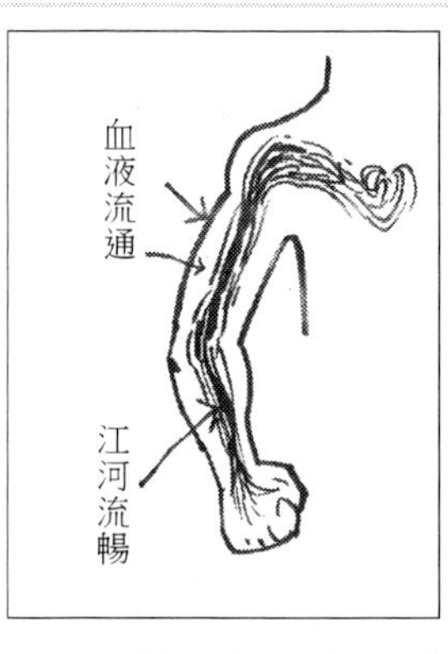

金石欲堅

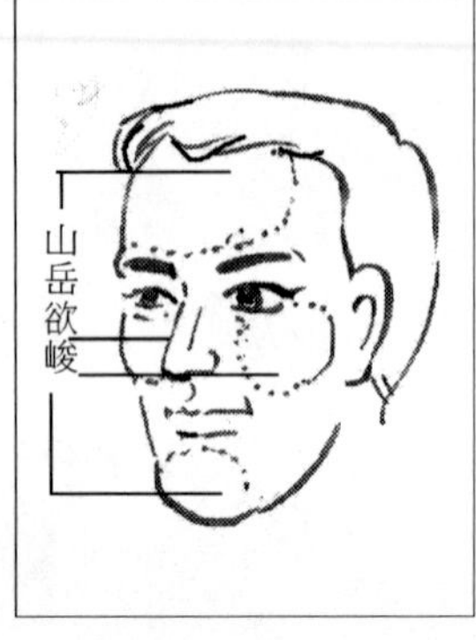

人相學以骨格為根本，骨藏於皮肉之內，這不輕易給人一眼便看透，主要不宜骨太露，有肉包為好，尤其是鼻、顴、耳、額和地閣等等。但肉亦不能太多，形成擁腫，骨亦不能太過柔軟，須要堅實。

上述骨肉的看法，並不容易，要視乎相者的看相經驗，一般骨過軟者，體弱易病，其相如何看？可從人的站姿、坐姿和行走姿態來作判斷，骨不堅者，坐立都會不持久，難挺直，走起路來更不像樣，身子總是歪斜不正。如要更透切了ｂ骨格，可用手觸其骨，以斷其硬度。因面相以骨起有肉為要，如顴骨、鼻骨、地閣等便是。

山岳欲峻

太清神鑑以鼻額為山岳，故面相以鼻為一面之尊，看人意志力及中年財富。額則看少年，主祖上根基及聰明才智。

山如峻嶺，鼻要高挺，不低陷，額亦如是，更不能瀉，此由額主少年直入中年鼻運，兩者都生得好，人生至重要的黃金期都能行好運。

草木欲秀

毛髮為草木，要秀美柔順，不粗不硬，如此性格便能得以柔和，可擁有順暢的人生，頭髮粗硬主刑剋必重，性格太強，尤其以女性為忌，但現今太

多有害的洗髮水和理髮劑的出現，加上電髮、焗髮和染髮等影響，將一把頭髮弄得愈多，髮質便會變得更差，這是後天的問題，但對人的影響卻至深。

其形龍翔海岳，鳳戲丹墀，獅坐龜遊，虎踞馬躍，攀猿舞鶴，回牛浮雁，此皆天地之純粹，世間之英才也。故漢高祖有龍顏之喜。《玉管》云：「卜商有堂堂之貌，唐太宗天日之表，班超則燕頷虎頭，黃琬鳳睛龜背。富貴之兆，故皆顯著。」其寒如瘦鷺，視似羊睛，蛇行雀走，犬暴豹聲，斯皆貧賤之形發也。其理浩博，非一言可盡辯也，宜精思以詳之。苟無其類，則吉凶無驗矣。

人相配獸相

關於動物相，在前一部作品「太清神鑑：五行形相篇」裡，有頗詳盡的描述，這裡列出了五種入形入格的形相，五形正類相，更重點地收窄成五種動物，配以歷史重要人物，以示動物配面相的重要性，而且分了某些動物是大貴之相，有些則為貧賤相。

燕頷虎頭

燕頷虎頭

世間之英才自有其獨特的權貴相，其中一種是虎頭燕頷，這種相的人每在社會上成為領導者，而且位高權重，在現實中，有位名導演吳宇森，他在中年期間，憑著他執導的電影「奪面雙雄」取得奧斯卡金像獎，他的頭圓骨起，腮部外至下巴均有肉圍著，因此他在電影界地位崇高，且在片場上能一

呼百諾。至於書中形容貧賤相，有寒如鶩、蛇雀走、犬豹聲等等，都是將某些動物聯想到人類的不善動態裡去，主觀性十分之強，宜客觀理解。

故郭林宗觀人有八法：一曰威，為尊嚴畏憚也。如豪鷹博物，而百鳥自驚；似怒虎投林，而百獸自懼。盡神色嚴，嚴而人所畏，則主權勢也。二曰厚，為風貌敦重也。其量如滄海，器如百斛，引之不來，搖之不動，則主福祿也。三曰清，謂精神翹秀也。如桂林一枝，崑山片玉，灑然高秀，而無塵翳，俊才貴也。或清而不厚，近乎薄也。四曰古，謂骨氣岩棱也。其或部位相應，則為高貴之人。或濁而不清，近乎俗也。五曰孤，謂形骨露也。其項長肩縮，腳斜腦偏，其坐如搖，其形如攫。又似水中獨鶴，雨中鷺鷥，則孤獨也。六曰薄，謂體貌劣弱，其形氣輕怯也。色昏不明，神露不藏，如一葉之舟，而在重波之上，見之者皆知其微薄，則主貧寒也，縱有衣食，必夭折矣。七曰惡，謂體貌凶頑。蛇鼠之形，豺狼之聲，或性躁神驚，骨傷帶破，主凶惡也。八曰俗，謂形貌昏濁也。如塵埃之中物，縱有衣食，主迍滯也。

（《名賢相法》五總龜八形與前觀人八法同）

觀人八法

觀人八法出自《月波洞中記卷下》，分別是：

一曰威、二曰厚、三曰清、四曰古、五曰孤、六曰薄、七曰惡、八曰濁。

威：尊嚴畏憚

面相學看人有威甚為重要，有威才有尊嚴，才能夠在社會上出人頭地，書中標榜鷹和虎這兩種稱王的動物，取其態勢以觀人之威權相。

鷹和虎

觀人之威勢，主要是看雙眼，帶著一種不怒而威的眼神者，看人的權勢還有一個特徵，是顴鼻高起，五岳朝天。

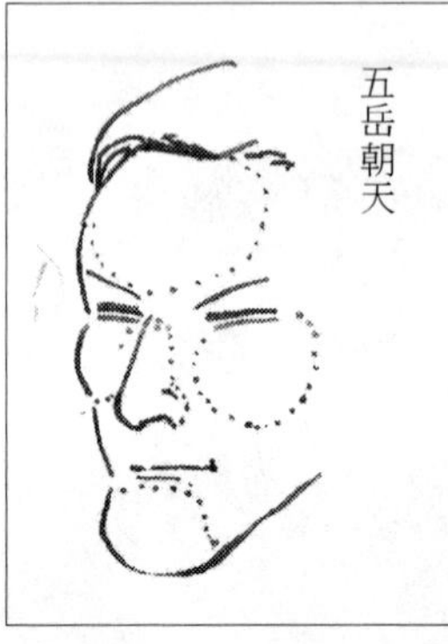
五岳朝天

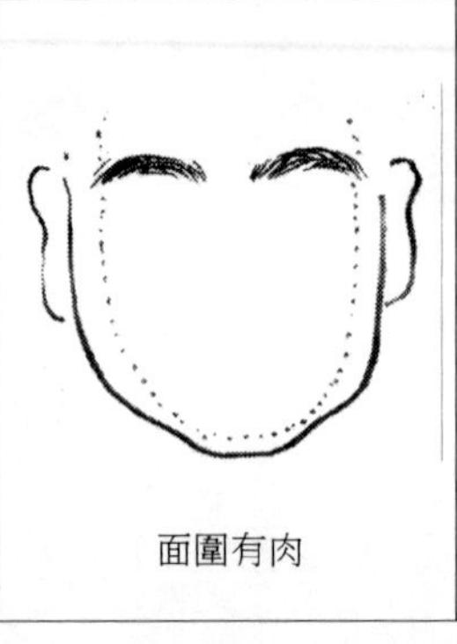
面圍有肉

厚：風貌敦重

人相各部位均以厚為至要，敦厚者面圍有肉、眉濃帶彎、眼藏神、氣平和，這是外在的形相，而內在相則主要看其人行動，表現得沉穩有力，所謂八風吹不動，便是形容一個人的沉穩狀態，如此其人必福祿齊全，一生安穩。

清：精神翹秀

這一法是取人之清秀氣質，人的氣度，可以從神態中得知，一枝獨秀的人，必然有其獨特之處，而一般人總會帶一些濁氣，比如說形相上的粗濁氣，藏於骨格和皮肉之內。

只要細心留意，便會發現一些運氣倒霉的人，其臉上便暗灰如塵，另外也有氣息上的粗濁，例如其人在呼吸間發出微弱的閉翳、翳悶、翳焗等聲息來，至於眼神之清與濁，更是運氣吉凶表現的關鍵。至於相格清的人，要有厚來配合，清而薄者即使才高，其福亦淺。

古：骨氣岩棱

這個「古」字，在命書古法中，佔著重要的地位，但卻沒有一個準則和完整的解說，到底怎樣古法：以現代的認知，是古老和復古，在古代人可不是這個看法，而相學上更另有一番見解。古主要看人骨內之氣，這似乎太

深，因此又說骨法岩棱，形容骨格突出和棱角暗生，但這都未能夠明確解開「古」相之迷。

我們平常看一些年輕人，很少會骨格特出的，但有些很早已天生異相，有其獨特的骨格，而且是非常奇特，因此性格、行為及運程，都有著與別不同的表現，但讀者要注意，這種骨格的特出，也要遵從面相的基本要求，不能構成凶相，才能成立。

孤：形骨露

無論如何，「孤」怎也算不上是好狀況，孤相可以從骨格太露且無肉包而得知，此每見於人的顴骨、腮骨和眉骨上，犯者個性剛愎自用，孤獨而刑刻俱重。

薄：體貌劣弱

形相薄弱者，其人形虛氣怯，在醫學角度看，是膽氣虛怯，出現驚慌等症狀，如氣短、心煩、失眠、驚悸不安，又說到一葉輕舟在重波上，即知其相微薄而寒。這又是從何說起？依筆者推斷，應在眉上觀即能切合此說了，一葉輕舟代表眉毛淺薄，重波是指眼有幾重眼波。

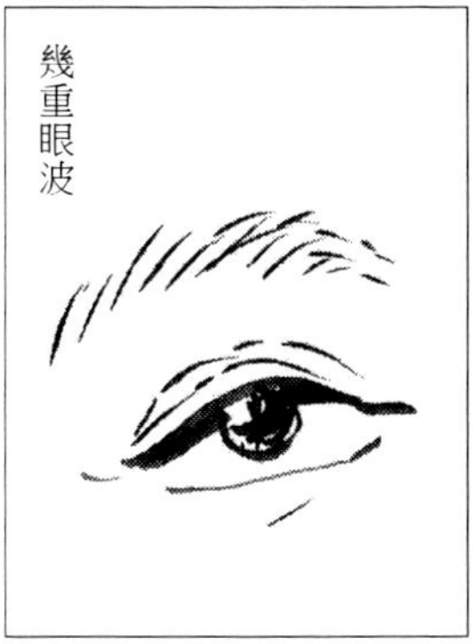

幾重眼波

惡：體貌凶頑

所謂惡形惡相者盜賊，其身體面貌都表現出一

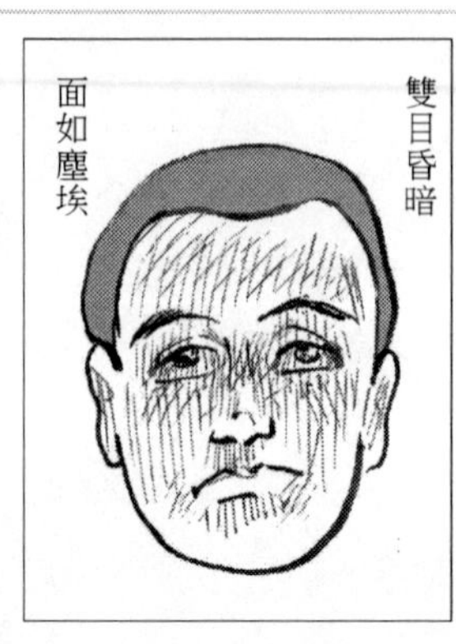

種凶相，主要是眼睛露白多，其次是顴橫眼突，再者聲如惡獸，主性格暴躁，行為每多一時衝動，其命途凶險是必然的。

俗：形貌昏濁

所謂清俗相對，任何人雙目昏暗，面如塵埃，都是帶濁之相，定是個運滯之人，很難有所作為，必須待昏濁之氣散去才能轉運。因此人在非常運滯之時，便會出現這種混濁之相，要經過長久的折騰後，待面色有好轉，才能過渡，返回人生的正軌。

大抵受氣有清濁，成形有貴賤。故豐厚謹嚴者，不

富則貴；淺薄淸躁，不貧則夭。女人之氣與其和，形與嚴謹，言語柔而不暴，緩而不迫，行坐欲端而不側，視欲正而不流則大貴也。

女人重柔

氣有清濁，形分貴賤，這裡所說的大貴，是緩慢不急、不浮躁，是判斷一般人之貴賤方法，而看女性則重於一個柔字，尤須氣質溫和、言行嚴謹、姿態和目光都須要端正，目光不可流露，這代表有身份、有地位，故此為女相之大貴。

五形

人稟天地之氣，而有五行之類也。故木形者，聳而瘦，挺而直，長而露節，頭隆而額聳也。或肉重而肥，腰偏而背瘦，非木之善。金形者，小而堅，方而正。形短不為之不足，肉堅不為之有餘也。水形者，短而浮，闊而厚，則俯然而流也。土形者，敦而厚，重而實，背隆腰厚，其形似龜也。火形者，上尖而下闊，上輕而下重，性躁急而炎炎也。故五形欲得相生無克，如木形之人，木之聲高而亮，其性仁而靜，相之善也。其或五行相剋，聲音相反，為形重災禍之人也。（《玉管照神局》同）

五形人聲相

面相五形中，金木水火土之相生相剋，為之五形，在前一部著作「太清

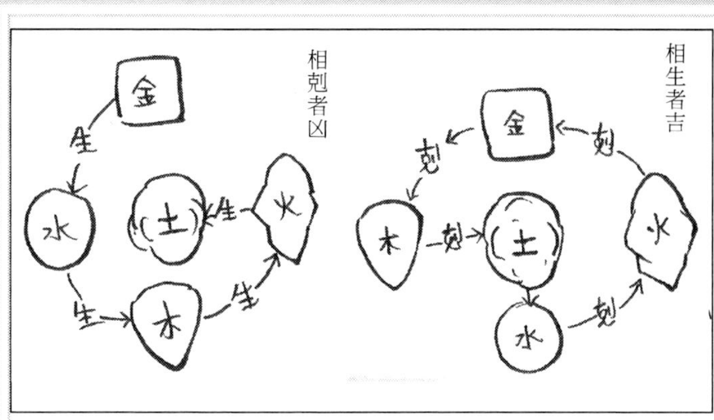

神鑑：五行形相篇」裡，已詳盡解釋過了，也不用太多篇幅去重複講解，大家最好重溫一下本書。

值得一提的是，這裡略提及五行聲音，補充了木形人之聲相，木人聲高而亮，是為木火通明之象，故性格仁慈心善，是為形之正音，若木人聲太剛硬，是為金剋木（聲剋其形），主不但不仁，更犯災劫。至於其餘的水火土金各形人的聲相，書中並無提及，現略作補充：

水形人聲相：喜聲柔，流暢，忌土剋，即怕聲混太厚。

火形人聲相：喜聲銳，急勁，忌水剋，即怕聲似急流。

土形人聲相：喜聲厚，沉穩，忌木剋，即怕聲太直板。

金形人聲相：喜聲亮，沉厚，忌火剋，即怕聲太高尖。

木形人聲相：喜聲高，響亮，忌金剋，即怕聲太剛硬。

論看形神體像

凡看形神，須類物性，行飛騰越，先有所肖。後看氣色衰旺，五嶽四瀆朝對如何，雖有好形神，而五位無出彩者，此人應事歇滅而如初也。形神雖不足，五嶽雖不應，而有長旺色者，衣食自然。凡看形神，須察氣色看之，則萬無一失也。

形神與氣色

形神在相學中佔著重要的地位，形者指某一類事物的性質，可以是飛禽走獸，也可以是五行金木水火土，從而觀察面上五嶽四瀆等部位氣色，以知其盛衰。

五位無出彩

文中五位者實指五嶽，說即使有好的形神，但面上各重要部位沒有好的氣色，好運始終會打回原形，其實神在眼上觀，氣色則在面上顯，最好是互相配合，才能發揮上佳運氣。本文又說到有長旺的上佳氣色，即使形相略為不足，亦能衣食足，生命得到自然發展，但筆者始終覺得，神為人一身之靈魂所在處，影響深遠，眼神會隨著環境與時運而變，人在高興時及得意時，神采飛揚下，雙目亦會變得明亮起來，相反失敗時垂頭喪氣，眼神便會暗淡無光，而氣色更是變幻無常，故一時間的好運，亦須眼神配合，其運方真。

論形不足

形之不足者：頭頂尖薄，肩膊狹斜，腰肋疏細，肢節短促；掌薄捐疏，唇蹇額塌，鼻仰耳反，臀低胸陷；一眉曲，一眉直，一眼仰，一眼低，一睛大，一睛小，一顴高，一顴低；一手有紋，一手無紋；睡中開眼，男子女聲；齒黃而露，口臭而尖；禿頂無發，眼深不見；行走欹斜，顏色痿怙；頭小而身大，上短而下長。此謂之形不足也，多疾而短命，福薄而貧賤矣。

形不足

甚麼是形不足？面相學上的形，是指五官五和嶽等各部位的的缺失，文中從頭頂由上而下，逐一數到形相中的缺失。

首先大家須要了解，形不足亦可視為性格行為的缺失，會做成各種不完

整氣運，而上述都是細數一些相學上的缺點，大家還要認清其中得失來作判斷。

五官上，高低曲直等的不平衡狀況，有些是先天帶來，有的是後天因病吃藥導致，若然是先天缺失，會較影響命運，而形不足的人，書中說多疾和短命，此等判詞還須小心看待，皆因人的際遇本來就很複雜，決非上述一兩種失衡狀況而能決定。

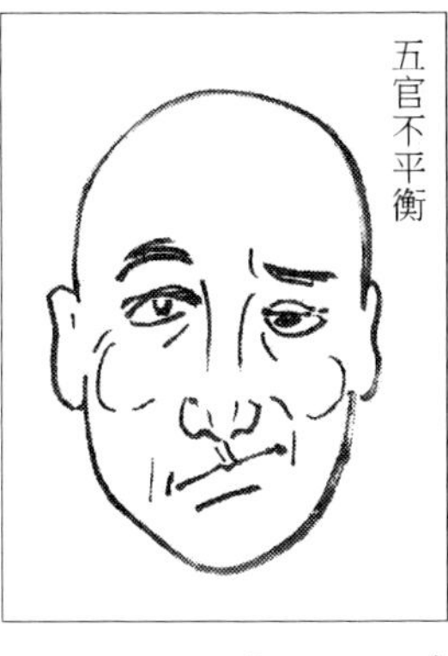
五官不平衡

論形有餘

形之有餘者：頭項圓厚，腹背豐隆；額闊口方，唇紅齒白；耳圓成珠，鼻直如膽；眼分黑白，眉秀疏長；肩膊齊厚，胸前平廣；腹圓垂下，出語宏亮；行坐端正，五嶽朝起；三停相稱，肉膩骨細，手長足方，望之巍巍然而來，仰之怡怡然而坐，此皆謂形有餘也。形有餘者，令人長壽少病，富而有榮矣。

形有餘

所謂形相之有餘，可理解為面上寬容不拉緊、書中先論不足，後解有餘，形之有餘者，由上而下地細數各種形相，從頭至腹、由語而坐，細數各形相得失，都不難理解，從各種形相中可以得知形有餘，有餘者福壽富榮。

鶴形

鶴形者：三才相等，眼細眉長，鼻尖而小，身長垂口，身體上下一般，細長而正，地閣小，五官俱好，正鶴形也；或行緩者，單鶴形也；面部有雜，鼻大口小，或口大準起者，孤鶴形也；五色不分，神氣不足，病鶴形也。正鶴形，正鶴形神大貴人，生來衣食不曾貧。命居三館入卿位，壽算仍須過百春。單鶴形，單鶴形神藝出群，生來聰俊過常人。貴當富顯馳千里，財帛猶豐不受貧。孤鶴形，孤鶴形神惡毒人，妨兒剋子只孤身，妻兒死別生離去，老至須教獨受貧。病鶴形，病鶴形人命不長，生來破敗少田莊。中年定受貧寒苦，無子無孫走路旁。

鶴形人

說到以禽鳥論形相者不算多，這裡便以鶴形來作探討，大凡鳥獸類形，以神似為先，形似為輔，這於上文中都已一一說過了。先講「形似」，鶴的外在形相，大家利用想像空間，亦不難理解，但論到「神似」便一點也不簡

單，書中說其行動緩和、單腳站地，即類似於神似的部份。又提到單鶴、孤鶴、病鶴各種類型，但都是虛有其形而欠缺神似，故其命運亦有所缺失。

動物禽鳥相，其實在上一卷太清五行篇中，都有圖文實例解說，大家可以重溫圖文，自能清楚明白。致於正鶴形以外的單鶴、孤鶴、病鶴等各形，都欠缺更詳盡的部位描述，大家意會就是。

鶴形

鳳形

鳳形者：額長，三停平滿，耳輪貼肉，山根高聳，準頭圓潤，眼長而尾起，口如蓮，眉粗而秀，倉庫

圖鳳形

五官六府俱好，正鳳形也；其或眉尖眼尖，下短或身側，小鳳形也；身長聳，其精神緩急者，丹鳳形也。如額低精神慢，眉長不應，是病鳳形也。正鳳形，正鳳形高貴且強，生居九鼎出朝堂。一生聰智多文學，大國為臣小國王。小鳳形，小鳳形神福祿強，生來富貴不尋常。中年顯達官榮盛，大業洪勳遠播揚。丹鳳形，病鳳形，病鳳形神雖性靈，聰明文學有聲名。都緣難得官班位，縱得官班卻見迍。

鳳形人

鳳眼一直被相書視為貴氣的表徵，其形是眼長帶秀，眼尾略為吊起，亦即「眼長而尾起」，這是

相書一般的看法，本文卻有很深入的詳細說明，不單止眼，連其它很多部位都有所要求，大家看圖再配合文字，自能較易理解。

眼長而尾起

正鳳形人：

額長、三停平滿、耳輪貼肉、山根高聳、準頭圓潤、眼長而尾起、口如蓮、眉粗而秀、倉庫五官六府俱好。鳳形者須要在整個五官、面型和骨格上，都取得較高的要求。

口如蓮，眉粗而秀

口如蓮花，大概指嘴較厚外形優美如花朵。眉

粗中帶秀，是很特別的眉形，是感情豐富，生活中帶有文學色彩的象徵。

小鳳形人、眉尖眼尖、下短或身側

正鳳形者眉眼帶尖和凸，這是在禽鳥的形相類象，但一定要懂得變通，這可能是略尖而已，仍要考慮其它鳳形的基本，至於下短是形容腳短且身形側擺，這種是鳳形欠佳的姿態。

丹鳳形人：身長聳，其精神緩急

丹鳳形的身形修長，面形五官都是聳起，而他的精神卻是能緩能急，是個動靜皆宜的人。

病鳳形人：眉長不應，額低精神慢

所謂病鳳形者，聽其名便已感覺失分，而眉長是合乎鳳形的要求，但長而不應則指其眉尾不射天倉、額又低，而精神緩慢者，是為病鳳，其人只在文化技藝界中得聲名，卻不宜從政當官。鳳形分四種：

1正鳳形　2小鳳形3丹鳳形　4病鳳形

本文對鳳形的人評價甚高，得正鳳形者可貴為王，小鳳形可得福祿富足，亦是個不平凡的人，至於丹鳳形沒有解釋，看來是技藝有所專長者，而病鳳形聽其名便知不好，在社會上有名無實，主名大於利居多。

龜形

龜形者，頭圓項短，身大背厚，眼細口大而闊，元壁朝接，山根高起，正龜形也；其或精神亂過者，出水龜形也；或諸部位有不應，然而精神美悅者，

戲龜形也；五色不分，諸位不應。而多厚黑，精神足者，藏龜形也。

正龜形：正龜形神壽年多，生居兩輔衆難過。初年名遠揚千里。後者榮華萬國歌。出水龜形：出水龜形久必榮，生來聰敏起名聲。壽雖七十身孤獨，兄弟妻兒定不成。戲龜形：戲龜形人文藝多，只宜晚祿供山河。中年雖得荷衣掛，末歲須防給諫過。藏龜形：藏龜形人衣食榮，初依父母有空名。年老難免飢寒苦，獨力孤形少弟兄。

龜形相

龜形人絕不會是普通的面相，頭圓項短又身大

背厚，有點怪怪的，這無非相類象而已，所以大家意會即可。龜形人最要精神充足，但又不是精神亢奮的樣子。

書中提到，面闊元壁朝接，山根高起，這是龜形的基本等徵，在上一部著作都有這種形的圖示，大家可作參考。致於正龜形以外，又有其它種類，但卻欠缺更多的部位描述，故從略。

犀形

犀形者：頭四方，印堂闊，地閣厚重，眼圓眉薄，五嶽正，天庭起，行步起，行步熏而闊，五官六府俱好，正犀形也；面部開而步急速，手腰背動舉者，出水犀形也；面部五官六府有破，不舉短促，是入水犀形也；面雖部位一同而五官不正，身長側者，戲犀形也。正犀形：正犀形神是貴人，職居館

殿足金銀。壽年八十人皆敬，百世榮華及子孫。出水犀形出水犀形是正郎，晚年高職坐朝堂。金珠錢寶家盈萬，壽算應當七十亡。入水犀形入水犀形食祿多，出群英俊衆難過。壽年七十莊田盛，一世榮華爭柰何。戲犀形戲犀形神藝出群，生來卓立不求人。錦衣玉食誰能及，更壽年高六十春。

犀牛形

這個犀牛形，書中所說「主要是頭四方、印堂闊、地閣厚重、眼圓眉薄、五嶽正、天庭起、行步起、行步熏而闊、五官六府俱好。」跟據以上的種種描述，此形是較為粗獷的，頭方印闊，下巴厚闊

眉眼圓大，大家先想像一下，然後再細看圖示。至於文中由犀牛形引伸的其它造型，書中便欠缺了更詳盡的講解，也從略。

虎形

虎形者：頭圓項短，地閣重厚，九州圓促，眉濃口大，面闊鼻大，五官六府俱好，正虎形也；行走急速，腰身正，視不定，（此處有脫文）此入林虎形也；面部雖同，精神帶慢，顧視偏斜者，此落坑虎形也。正虎形：正虎形人是大僚，文操武略富偏饒。生來便有三公位，老後須登駟馬驕。出林虎形：出林虎形性正剛，生來聰智足文章。初年榮達高官職，位入星郎耀四方。入林虎形：入林虎形是正郎，名傳聲價最高強。只緣心志多藏毒，暗恐消磨壽不長。落坑虎形：落坑虎形不可親，毒忿生來愛陷人。錦帛資財雖積蓄，可知壽不過多春

虎形相

頭圓項短，地閣重厚，九州圓促，眉濃口大，面闊鼻大，五官六府俱好。以上都是用來形容虎形人相特點。虎頭燕頷是常被用作形容國家重臣，我們可以看見不少權貴的商政界領導人，均屬此型，較接近的例子是前面提到的大人物有船王包玉剛，和導演吳宇森，他們也是正宗的虎形入格，只要留意一下，大家便可以有更多的發現。

獅形

獅子形者：額方眉大，口闊鼻大，耳大眼大，身

肥；天地相應，三才平滿，倉庫厚，元壁起，五官六府俱好，正獅子形也；若或面部雖同，身小眼部不應，小獅子形也；行慢身重，多精神者，坐獅子形也；若行步躑躅，瞻視不正，精神美悅者，戲獅子形也。正獅子形：正獅子形額正方，眉濃眼大口須長。九州高聳耳朝口，出世須教作郡王。小獅子形：小獅子形主晚榮，生來榮顯負清明。錦帛錢財成巨萬，自宜營運保前程。坐獅子形：坐獅子形是貴人，生來衣食足金銀。清資定入公卿位，壽算仍須八十春。戲獅子形：戲獅子形衣食足，位歸侯相鎮山河。玉寶珠金多積蓄，一生快樂任婆娑

獅子形

因為獅子乃萬獸之王，其自當有粗壯雄偉的骨格形相，在人們的感覺，眼神強、頭髮金黃，與鬚眉皆披面，師形和虎形人一樣，都會具有強而有力

的下顎，故而下巴甚至整個下停部份都很壯大，因為虎獅都要用牙齒來撕開食物。我們看看文中是如何描述獅形：「額方眉大，口闊鼻大，耳大眼大，身肥；天地相應，三才平滿，倉庫厚，元壁起，五官六府俱好。」此為正獅子形，上面就是按著各種部位要求而作的繪圖。

不少外國影星是屬於獅形型入格的，例如飛越瘋人院主角積尼高遜，便可歸類此形了。

本港由著明武打影星石堅，他所飾演深入民心的「金毛獅王」一角，在外型上亦很有獅形人的格局，但石堅先生本身的相格是屬鷹形，所以筆者不將其列入獅形之內，但大家都可作參詳。

龍形

龍形者：五嶽起，三才平滿，天地相朝，鳳節豐濃，印堂起方寸，邊地起，人門闊，眉分八彩，目長二寸，耳長四寸，五官六府俱好者，正龍形也，男即大貴之相，女即妃后之貴也。若有五色者，定五龍之形也，別述青黃赤白黑五品相。倘或行步不同，面部有雜，一處不應，即是臥龍形也，即主多祿之位。或常虎頭燕頷，即是山龍形也，主將軍節度之權。面上二停身一停，此主侯伯之位；面上一停身佔二停，此主將帥之職也。正龍形：正龍天下貴無雙，上天儀表萬邦王。一流河水須鎮斷，四方歸貢走梯航。臥龍形：臥龍合主三台位，闡世文章天下名。官爵定須居一品，及第人皆震一鳴。山龍形：山龍本是將軍位，文武俱全鎮廟堂。三代侯門生貴子，出為兵帥入為王。

龍形人

龍象徵著中國帝王，現實中沒有人真正見過龍的出現，我們只能在畫象得見，如果配上人的面相，成形成格的，這裡的描述如下：

「五嶽起、三才平滿、天地相朝、鳳節豐隆、印堂起方寸、邊地起、命門闊、眉分八彩、目長二寸、耳長四寸，五官六府俱好者」，此為正龍形，是主大貴之相。

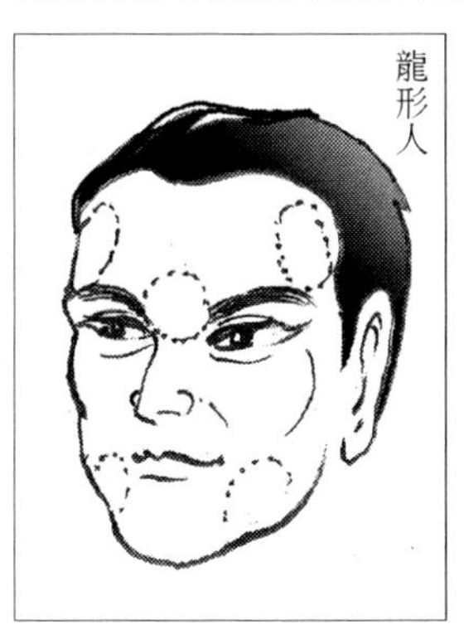

五短之形

一頭短，二面短，三身短，四手短，五足短。五者

俱短，骨細肉滑，印堂明潤，五嶽朝接者，少卿公侯之相也。雖俱五短，而骨粗惡，五嶽缺陷，則為下賤之人也。其或上長下短，則多富貴；上短下長，主居貧下矣。

五短

五短之相：頭、面、身、手、足俱短，有齊這五短之人，是為五短之相，是公侯之貴，這可須要特別小心，皆因太過執著五短話，便會以為侏儒也是好相了，當然，即使是侏儒也會有好命運，也有五官五嶽相好的，但只屬於少數，所以大家都應以存疑的態度看待五短之相。

若然略見五短而又相好者，古今都出過大人物，古代的名相晏嬰，近代也有，而在影視界中，這類五短的知名人士，多數以智者的姿態出現，綜觀他們都有一個共通點，就是生得很有福相和順眼。

五長之形

一頭長，二面長，三身長，四手長，五足長。五者俱長，而骨貌半隆，清秀滋潤者善。如骨肉枯槁，筋脈迸露，雖俱五長，反為貧賤之輩也。或有手短足長者，主貧而賤；足短手長者，富而貴也。

五長

所謂五長者，是指頭、面、身、手、足等五個人體部份，都生得很長，加上骨格面相都比較隆起，毛髮和肌膚都是色清潤澤，此為富貴相，相反骨肉枯乾，筋骨皆現，雖五長亦不足取，另長短不一，欠缺協調亦難有成就。

當然這也是要有面相的配合，所謂五長五短，都是想人有個特別的記憶，筆者開始有點領會，未知讀者又有何感想，但古書便有不少迷信色彩，時至今日，大家都是讀書識字的人，故思想亦已進步，有所反思都是正常的，亦只有如此，命相學才有更好的方向走下去，我們在尊重傳統古法之餘，也要重視科學和邏輯，共勉之。

論聲

人之性，動於心而形於聲，故聲者，氣實藏之，氣搆衆虛而成響，內以傳意，外以應物。人有聲，猶鍾鼓之響，若大則聲宏，若小則聲短。神清氣和，則聲溫潤而圓暢也。神濁氣促，則聲焦急而輕嘶也。故貴人之聲出于丹田之內，與心氣相通，汪洋而外達，何則，丹田者，聲之根也；心氣者，聲之端也；舌端者，聲之表也。夫根深則表重，根淺則表輕，若夫清而圓，堅而亮，緩而烈，急而和，長而有力有威；若音大如洪鐘發響，鼉鼓震響；音

（《玉管照神局》云：「是知聲發於根而見夫表也。」）

小似寒泉飛韻，琴瀲奏曲；接其語則粹然而後動，與之言則悠然而後立；是以聲之善者，遠而不斷，淺而能清，深而能藏，大而不濁，小而能新，細而不亂，出而能明，餘響激烈，笙篁宛轉流行，能圓能方，如斯之相，並主福祿長年。

神清氣和，神濁氣促

人在心平氣和的時候，其聲線也會自然清亮圓潤，若然氣急敗壞，說話時也會焦躁，聲音必定彊硬難聽，因此，在判斷一個人的終生成敗，先要看他的聲音是否天生，屬於先天的，如果是由環境因素造成便屬於後天，一生出來聲音便很難聽，才會終身破敗。

聲出丹田，心氣相通

發聲通常都在胸肺之間，通過喉部而從口腔傳出，很少人會聲音發自丹田的，除非是一些修行人，已經練得氣自丹田出。但要練到平時都能夠聲發自腹部丹田，這又要武術或氣功大師級人物才能做得到。

如果一個人先天已擁有雄厚的聲線，雖然細聲說話，亦如一個沉實的重低音哪吧，聲音迴盪，若不是氣出丹田者，很難做到這種效果的，而這便是聲相最優質的表現，每見於有卓越成就的人士。另外還有一種上佳聲相，便是聲帶餘韻了，即是聲音出發後，仍覺其餘音入耳，這更是個具有聲名，德高望重之人。

聲發於根

書中引伸古書「玉管照神局」，指出聲發於「根」，這個根其實可以佛家的「六根」作解說，佛經說人有眼、耳、鼻、舌、身、意等六根，六根會生起「六識」，於是產生這個世界，又統稱這為「十八界」。太高深的學問我們不去鑽研，就著耳根來認識，耳朵之能夠聽聲是因為人有耳根之故，書中用上了極具意境的用詞：「音大如洪鐘，鐘鼓震響，音小似寒泉飛韻，琴徽奏曲」，大家若能用心去理解，或可領略更高深的意境。

遠而不斷，淺而能清，深而能藏，大而不濁

聲音愈遠而不會覺得其間斷，是指其人的聲音遠處亦很暢順和響亮，即使平時說話亦清晰明確，此為上佳的聲音相，主能福祿長年。

深而能藏即是指聲音叫得很大時，依然保持清亮和不粗濁，也是福祿長年之聲相。

夫小人之聲，發於舌端，喘急促而不遠，不離唇上，紊雜而斷續，急而又

嘶，緩而不澀，深而帶滯，淺而帶躁；或大而散，或長而破，或輕而不勻，或繚繞而無節，或睚眥而暴，或煩亂而浮，粗濁飛散，蹇淺訥澀；或如破鐘之響、敗鼓之聲，或如寒雞哺雛，餓鴨哽肉，或似病猿求侶，或以孤雁失群；細如秋蚓發吟，大似寒蟬晚噪；雄者如犬暴吠，雌者似羊孤鳴。如斯之聲，皆為淺薄也。

小人之聲，發於舌端

我們可以在這裡總結一下聲音相，經過簡化的聲音相，可分為：

1 聲發自口腔，

2 聲發自喉嚨，

3 聲發自胸部，

4 聲發自丹田。

1至3所發出的聲音都不算好，且愈前者愈差，後者以聲音愈沉穩，其人的基礎便愈好，有背後的靠山及支柱，但又要不太低沉無力，聲音出口要清亮，且不是提高聲線裝出來的，而是開口便已沉厚清亮，這便是上佳的聲音了，但更高級的聲音，便要發自腹部丹田，造成迴蕩和餘蘊了。

小人聲發於舌端，是形容一些沒有甚麼成就，甚至性格行為很差的人，其聲之出處短淺，大家留意一下便會察覺，週遭是有著很多這類人，說話總有點令人很難聽到，筆者有次乘坐小巴，有位女士叫了幾次，司機叔叔都是聽不到，結果便過了站，下車時，那女子很不滿地質問司機，但語氣亦很無力，司機只說他聽不到，便不理會她，結果不了了之。

破鐘之響……孤雁失群

書中引用了古典名著「玉管照神局」形容動物的種種叫聲，有些真的未

必每一個人都聽過，尤其是城市人，更是聞所未聞，其說：「．．．如破鐘之響、敗鼓之聲，或如寒雞哺雛、餓鴨哽肉、或似病猿求侶、或以孤雁失群、細如秋蚓發吟、大似寒蟬晚噪、雄者如犬暴吠、雌者似羊孤鳴」等等，都是淺薄之聲。當然大家可以欣賞書中的文詞，確實有豐富幻想力和寫文字的功力，對大自然特別留心，但在實際應用時，又會是另一回事。

或男作女聲細者一世孤窮；《玉管照神局》註云：〔謂其柔細而不剛烈也。〕女作男聲暴者，主一世妨害。《玉管照神局》註云：〔謂其剛暴而不和也。〕然則身小而音大者，吉；身大而音小者，凶；身聲相稱者，善。或乾濕不齊者，謂之羅網聲；或小或大者，謂之雌雄聲，或先進而後急，或先急而後進，或聲未止而氣絕，或聲未舉而色先變，皆薄淺之相也。是以神定於內，而氣和於外，則聲安而言，有先後之序，乃無變色也。苟神不安，必氣不和，則其言先後失序，辭色雜錯，皆是小人薄劣之相也。

男作女聲，女作男聲

世間上確實有一些陰陽不協調的人，如男人聲柔而細，欠缺男性的陽剛之氣，而女性亦有聲音粗直，剛而不柔的，這會對情緣有一定影響，而際遇則須視乎其面相來決定，不論古時或現代，這類人都會受到身邊人以有色的目光來看待。現今社會上不少同性戀者，很多都從事表演藝術等相關行業，但要分清楚，有些人只是聲音問題而已，並無生理和心理上的問題，可不要一概而論。

身聲相稱

文中指「身大而音小者兇；身聲相稱者善」，

如何才是相稱的聲音，基本上生得個子小便聲小一點，身材壯大於是聲音也要響些才算相稱，這樣才是協調之相。

薄淺之聲，神不安，必氣不和

人開聲說話，給人的感覺致為重要，是會影響氣運的，如果說話開始時正常，但隨後便愈說愈急，或先急而後回復正常，另外話未完便已經氣量不足，以至話都說不完便止住了，還有聲未開但臉上已經動容。

最後有些人說話時，聲調時大時小、音準失常，都不是好的發聲。以上都是命運虛浮淺薄之相，難以擔當重任。一個人心神不定，自然會流露出不安的情緒，其言行亦會先後失序，這也難怪，但若是經常如此，甚至已變成了常態時，這便會直接影響命運了。都只會是小人薄劣之聲相。

且聲如破筒者富，破瓦者賤，破木則貧，破竹者苦。公鵝聲者多破散，公鴨聲者多賤徒。暴如豺狼者，毒害多。汪聲深堂者，為福人。故聲細如啼，貧賤孤恓；聲粗如哭，災禍相逐。聲音明快，意象遠大；聲音嫩嬌，家活水消。

聲如破筒

何以會聲如破筒優質聲相？破瓦、破木、破竹便是劣等音聲呢？竹筒會有一個空間，可以讓聲音有迴旋的餘地，出來便有良好的音調，這能夠令人聽入耳裡，產生舒服感，因此大部份的樂器，都是用竹筒及空間原理制成的，中西樂器都一樣，如果破損了便會走音，反映人的聲相亦如此理。

所謂鵝鴨公喉、鴨公喉，都是聲音從喉頭發出來，令人覺得很難聽，那些長期在市場叫賣的人，聲線便變得沙啞，屬於低下階層，販夫走卒之流。

至於似狼似犬等形，亦能想像到非善類。因此人的聲音要明快、遠大和嬌嫩，這才是善相。

人之稟五行之形，其聲亦有五行之象。故木音高暢（《玉管照神局》注云：「嘹亮高暢，激越而和。」）火音焦烈（《玉管照神局》注云：「發之太嚴，如火之烈，其或躁戾淺暴者，謂之火濁，不善之應也。」），金音如潤（《玉管照神局》注云：「和則不戾，潤則不枯，叩之為清，擊之為純，又如桐篁奏曲，玉磬流音也。」）水音圓急（《玉管照神局》注云：「圓而清，急而暢，堅而不散，長而有力，或條達而流，或鏘洋而奮。」），土音沉厚（沉則不淺，厚則不薄，洋然發在咽喉之間也。）若與形相生則吉，相剋則兇。

五行是金木水火土，大家都知道了，先說木的五行音。

木音主要是聲高揚，至於文中所說的「嘹亮高暢，激越而和」，便很須要細心想像，感受其聲。

火的五行音是較為「焦烈」，比較急勁的，故而說其聲「發之太嚴，如火之烈」，如果聲音躁、戾、淺、暴，便為火之濁相，會招惹惡果。

金音則要潤，「和則不戾、潤則不枯」，這句話有很深的道理，金音之吉相，又如桐管樂演奏，清脆玲瓏，那種音聲之優美，被形容為玉磬流音。

水音主要是圓和滑，有若流水柔順，有時又似急流，「圓而清、急而暢、堅而不散、長而有力，這種種都是水聲之吉相。」

土音者最要沉厚，所謂「沉則不淺，厚則不薄」，聲音沉厚則必發自丹田，不會出於咽喉之間，這點大家務必注意，只有這樣才是土聲之上相。

五行音相生相剋

相信大家都知道，五行更進一步是相生相剋，至於五行相剋道理，前著已有詳細說明，大家先找出其人是屬於那一種形，然後去配合人之五行聲音，再作出生剋比對。若與本身之五行形相生是吉相，相剋為凶相。

例如一個屬於金形面相及骨格者，其聲音便要以土生金音為佳，以火音剋金為忌。又如水形人其音便怕為土，因土會剋水，以金音生水為佳相，餘者類推，大家可以多作配對。

為聲音分三主，可決成敗耳。初聲高者，初主强；中聲薄者，中主弱；後聲激者，晚年卑。是以聲音主發閉之人，不可不善。不善者並為凶惡，必多災難刑厄。有官則多失位，有財則破散，男則不能保其室，女則不能保其家矣。（《玉管照神局》並《月波洞中記》同。）凡聲最難辨，大抵舌頭圓全，

清潤響快，不宜焦急沉滯，刑破而促。若人大而聲小者，非遠器也；人小而聲大者，良器也。又須於五行神論，聽五聲合與不合，刑與不刑斷制，不可言論也，略具五聲訣於後：

聲相三主

聲音簡單分成三個模式：

1聲先高者，初年主運勢強　2聲音中段踐薄者，中年運降

3發音後段聲微弱者，主晚年卑下。

先講第一項，開聲即高亢，主其人早年運佳，其二是聲音在中段強則吉，弱則中年不佳，要一提的便是這個中段時期，是人生至為重要的黃金期，故不能聲音中段轉弱，否則中年運氣浮沉不定，中年做事以失敗居多。最後是三，聲音的後段漸漸轉弱的人，其晚年會屈於卑下，受制於人事與環

境，很自然地，很多人都會如此，一來身體年事已高，其氣不足，如沒有良好的補養，或中年捱壞了身體，都會令中氣不足，影響了晚年氣運。當然，也有一些例外。有些長者話音氣足，尾音尤長的，這自然老當益壯，晚境優越過人。

金聲韻長，清響遠聞，金圓潤則貴，金破則賤。土聲韻重，響亮遠聞，重則貴，近薄則賤也。火聲清烈，調暢不懦，完潤而慢則貴，焦破則貧賤。木聲韻條達，初全終散，沉重則貴，如輕則賤也。水聲韻清細響急，長細則貴，如輕則賤也。論五聲又不以形類，蓋為聲無形，但聽而會意，則詳酌其理。然後較其吉凶，萬不失一也。

五行聲韻得失

聲音要有餘韻，如果說話無尾音，直來直往，便給人硬崩崩之感，這當然會影響運氣，起碼交朋結友便出問題。五行音韻悅耳則能發揮到五行之優勢。

金聲者其音韻長而遠，有若清脆鈴聲，金聲人其音像破鑼是為破，破則出身低下。

土聲主厚重，如聲音厚而壯則貴，土聲絕不能單薄，薄則主賤。

火聲發音較烈，這個烈很值得細究，即聲音帶有激烈之意，通常聲調較高、吐字有勁、圓潤清亮為佳，火聲者說話明快，太過焦燥或虛懦的話，則破敗無常。

木聲的餘韻，書中的描述較難理解，要發聲條達，其聲初全終散，這形容應該不好，音韻總不宜散，木音又要略沉，氣沉則聚，故穩貴而輕賤。

水聲的韻，如水流之清，長細而響亮主貴，過輕則賤。

有以上五聲者，但是其外形非其本五行聲類，是為有聲無形，比較當中的何者佔多，何者佔少，而論其吉凶，當然按著書中去理解，是很不容易的，大概知之便是。

五音

五行散為萬物，人生萬物之上而聲亦辨其故。木音嘹嚦高暢，激越而和；火音焦裂躁怒，如火烈烈；金音和而不戾，潤而不枯，玉磬流音；水音圓而清，急而暢，或條達而流，或激而發；土音深而不淺，厚而不薄，渾然如發在咽喉之間也。與形相養相生者吉，與形相剋相犯者兇。

本文大致說到五行聲音的細微情況，本文又是另一種形容，火音的人聲

線較為焦躁易怒，金音則要柔和無戾氣，要流動不滯，水音圓潤清顯，土音則須要深厚不淺薄發於喉間，並以人相五行形態兩相比較論吉凶，五行相生者吉，相剋者凶，大家可以參考前書的五行生剋，便可明解。

行部

行者，進退之節，去就之義，所以見其貴賤之分也。人之善行如舟之遇水，無所往而不利也。不善行者，如舟之失水，必有淥陽沒溺之患也。是以貴人之行，如水而流下，身重而腳輕。《玉管照神局》注曰：〔身端直如水之流下，倏然而往，體不搖也。〕小人之行，如火炎上，身輕而腳重。《玉管照神局》注曰：〔如火搖動，其身不正，其腳搖而動。〕故行不欲昂首而蹶，又不欲側身而折，太高則亢，太卑則曲，太急則暴，太緩則遲。周旋而不失其節、進退各中其度者，至貴人也。且行而頭低者多智慮，行而頭昂者少情義。行而偃胸者愚下，行而身平者福而吉。

行路相

本文論及了人的「行路相」，中國相法很特別，每一種動態都似有相可尋，從行住坐臥取得命運的訊息，而一般行相以頭正身平，不高不垂為吉。

貴人之行體不搖，小人之行，身輕腳重

先講貴人行相的基本，是要像流水般順暢，尤其是行路身體不會出現太大的搖擺，否則便屬於小人之行相，其腳步沉重而身輕易搖，像火那樣，是左搖右擺。另有一說法是腳不欲常搖，有些人一站著來便搖腳，都是不好，一般被認為這是不務正業者。

昂首而蹶、側身而折、太高則亢、太卑則曲……

行路相的另一種看法，是頭不能昂，又不能側頭，頭抬得太高者，其人剛愎自用，或自視過高。自卑太過的人，頭定常低，頸曲無力，自非佳相。

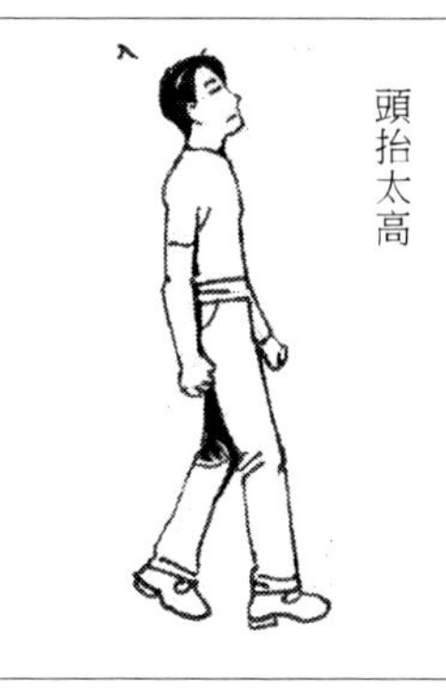

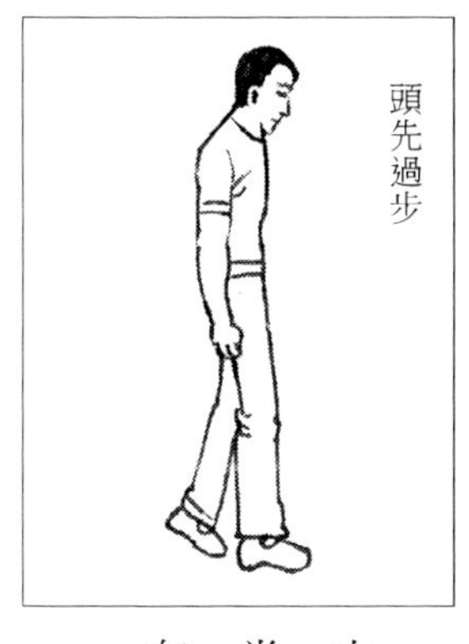

而太急者暴是指頭先於步，即未開步頭部便向前伸，比腳步要先，這又被稱為蛇行。還有太緩的行路相，其人舉步無力，動作太慢，原來這也非佳相，反映做事不落力，凡事延遲缺失。

行而頭低者多智慮，行而頭昂者少情義

行路有些人每望地下，是正在思考且疑慮多的表現，行時頭昂向上則是意氣風發的狀態，但如屬常態時，前者會是憂患者，後者便會自大以至情義有失。

如虎步者福祿，如龍奔者權貴。如鵝鴨之步者，家

累千金；如馬鹿之驟者，奔波一世。如牛行者富而壽，如蛇行者毒而夭。雀跳者食不足，猿躑者苦不停。龜行者福壽，鶴步者滅祿。雁行者聰明而賢，鼠行者多疑而賤。行如流舟者富貴，行如急犬者微賤。

虎步、龍奔、鵝鴨步、馬鹿步、牛行、蛇行、雀跳……

以上種種飛禽走獸，各有吉凶貴賤，都是古人以形會意，很主觀，總之行相基本是要步伐穩定，身安穩、不易輕搖，不可太急太緩而腳平踏地，腳尖著地名為雀跳，虎步開闊、蛇行身擺，下文便補充了獸類形相之不足。

蹭蹬而來者，性行不吉；泄泄而注者，財食有餘。腳跟不至地，窮而夭壽。發足急如奔走者，賤居人下。行而左右偷視者，心懷望竊；行而回面後顧者，情多驚亂。大體行之貴也，腰不欲折，頭不欲低，發足欲急，進身欲直，起走欲闊，端然而往不凝滯者，貴相也。行者進退去就之間，欲中規矩。不及涂動有理者，善也。肥人形重，行欲如飛，瘦人形輕，行欲如疑，此乃貴相。若斜身偏肩，如鵲之跳、如蛇之趨者，皆不善也。

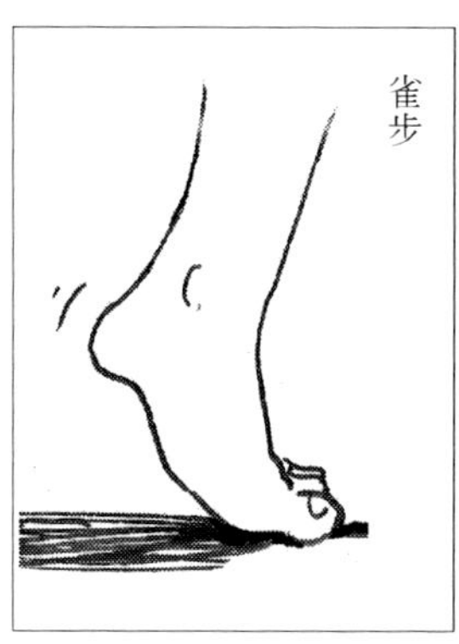

蹭蹬而來，泄泄而往，腳跟不到地

衣食無憂者，其人行相是舉步有彈力，開步順暢的，但有些人腳根不到地，是雀步之人，生活亦會飄泊無定。

左右偷視，頻後顧

這類人每多是偷盜者，否則也是心中滿是疑慮，精神極度緊張之人，處處防著有人對他不利，如此行相，自會身心失衡。

行之貴相

書中說貴相的一些基本要求，是這樣的，腰不欲折、頭不欲低、發足欲急、進身欲直、起走欲闊、端然而往不凝滯者。

以上的文字都不難理解，大家可以明白，行相只要抓住上述的要求，便是好相，當然，相由心生，當我們發現自己或身邊人的行相有所偏差時，是可以加以糾正和改善的。

行者進退去就之間，欲中規矩。不及涂動有理者，善也。肥人形重，行欲如飛，瘦人形輕，行欲如疑，此乃貴相。若斜身偏肩，如鵲之跳、如蛇之趨者，皆不善也。

肥人行如飛，瘦人行如疑

肥人一般都是身重的，這裡卻說肥人行走敏捷異常，一點都不覺得累贅，這好像有反常態似的，但凡事都有例外，有個很好的例子，電影功夫影星洪金寶，他身材雖然肥胖，但卻身手不凡，觀眾一點不覺得他行動緩慢，此乃出類拔萃，萬中無一的例子，是出人頭地，大貴之相。

相反地，瘦人身輕，行動卻一點也不輕飄，反而舉止穩重如山，此亦屬難一見的貴相。

論坐

坐所以安止。欲沉靜平正，身不斜不側，深重磐石，腰背如有所助，終日不倦，神色愈清者貴相。若如醉如病，如有所思者，皆不善相也。又云：人之行者屬陽，坐者屬陰。故行者體陽為動，坐者像陰為靜。凝然不動者，作之德也；坐而膝搖者，薄劣之人也。坐而頭低者，貧苦之輩也；坐而轉身回面者毒，坐而搖頭擺腦者狡，公然如石不動者富貴，恍然如猿不定者貧賤。坐定神氣不轉者，忠良福祿；坐定亂色變容者，兇惡愚賤。坐之為道，不端不正，其相不令，能謹能嚴，其福日添也。

坐相

行路可以看相，那坐下來都有相可看，這是中國相學的特色，任何一樣舉動都可以相。坐相的標準，是如文中所說，須要安靜、平正而身不則、腳不搖，更不能搖頭擺腦，要如磐石般穩重，便是最佳坐相。

行者屬陽，坐者屬陰

陰陽學說中以動為陽、靜為陰，故而行動即陽，靜坐是陰，因此坐著便不要身體手足搖動，這會被視為福薄之人，如此行動時，身體亦不宜太彊硬，最好是坐下來便氣定神閒，如是者定為佳相，坐著時身子不端正，不是偏左便是偏右，則被視為欠佳的坐相。

論臥

臥者，休息之期也。欲得安而靜，恬然不動者，福壽之人也。如狗之蟠者上

相，如龍曲者貴人。睡而開口者短命，夢中咬牙者兵死。睡開眼者，惡死道路；睡中囈語者，賤中奴婢。仰形如尸者，貧苦命短；臥中氣粗如吼者，愚濁易死。合面覆臥者餓死，就床便困者頑賤。愛側睡者吉慶，多展轉者性亂。少睡者神清而貴，多睡者神濁而賤。臥易覺者聰敏，臥難醒者愚頑。喘息不聞者高壽，喘息潤勻者命長。氣入多壽，氣少短命。氣出噓噓之聲者，即死喪。夫睡臥輕搖，未嘗安席者，下相也。

睡相

睡相主要是安靜，身子略彎，睡時沒有太大動作，不宜太直，最重要還是睡要眼睛閉合，睡不閉目、睡時開口和睡中咬牙切齒者，都屬於短壽或不能善終之相，睡夢中常自言自語、仰睡且手腳張開，睡相有如死屍，有句話叫「攤屍」，正正是形容這種睡相，屬於是貧苦命相。

有些人睡覺中鼻鼾聲特別重，好像行雷一般，會是個頑固粗濁者，另外府身睡者不吉、喜側睡者吉相，睡眠展轉反側者，是個頑愚之輩。

睡覺中完全聽不到有喘息聲，主可享高壽，一般人在沉睡中總會發出點聲息，其氣息潤而均勻，亦長壽相。另外睡時吸氣長者壽、呼吸短促、氣弱少者壽不長。睡中發出噓噓之聲不絕者，每見於肺病垂危的病人，睡夢中經常展轉反側，未嘗安靜入睡的，是下等之相。

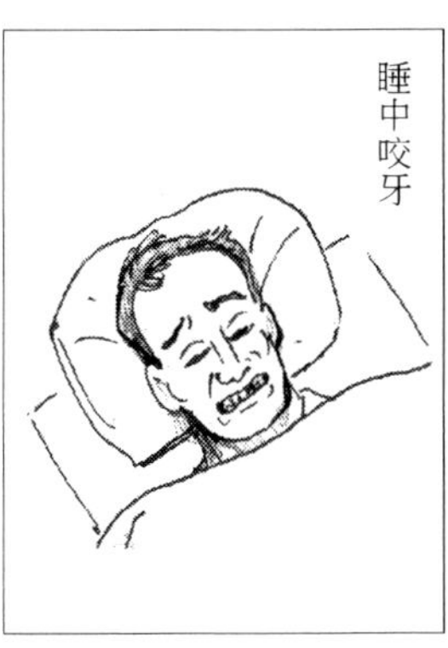

論飲食

氣血資之以壯，姓命繫之以存者，飲食也。故食物不欲語，嚼物不欲怒。食急者易肥，食遲者多疾。食少而肥者性寬，食多而瘦者性亂。飲緩者性和，食如啄者貧。斂口食者淳和，哆口食者不義，食而齒出者貧苦短命。嚼似牛者福祿，食如羊者尊榮。食如虎者將帥之權，食如猿者使者之位。邊食邊顧，終身窮飢。食快而不留，祥而不暴，嚼不欲聲，呑不欲鳴矣。
（餘與《五總龜》同）

飲食相

人的飲食為養生之本，人很須要健康飲食，來維持生命，以應付環境的變化和保持身體內在所需，這樣重要的一個環節，自當有相可尋了。

食不語，嚼不怒

有句話「食不言，寢不語」，似乎是一種民間美德，進食時乃在滔滔不

絕地說話，那口中的飯粒會很易噴到旁人，極不衛生，另外如果咀嚼食物時，發出響聲，也會影響到同抬進食者，如此人際關係怎能不出問題。

食少而肥，食多而瘦

平日吃東西很少，但人卻不瘦，反而豐滿，其人個性寬大，不拘小節。相反，正常人吃多了自然會肥，但有些人怎吃也不肥，反而瘦，這每見於吸收力低，身體虛弱者，甚至體內有寄生蟲，都會產生這種反常情況，自然不是健康者相。

飲緩者性和，食如啄者貧。斂口食者淳和，哆口食者不義，食而齒出者貧苦短命。嚼似牛者福祿，食如羊者尊榮。食如虎者將帥之權，食如猿者使者之位。邊食邊顧，終身窮飢。食快而不留，祥而不暴，嚼不欲聲，吞不欲鳴

矣。（餘與《五總龜同》）

飲緩咅、食如啄、歛口、哆口

飲食時氣不急，緩而不慢者，是性格平和溫純的人，相反像禽鳥啄食那樣急而快者，是主貧窮之相。

歛口是食時不張口，十分斯文，注重儀態，其人性格淳和，相反食時張大著口，可想而知是個粗人妄漢，自然不可取。如若張口更見齒的話，情況便更加糟糕了。

另外又提到一些動物的食相，可作意會，另進食時頻頻回顧，是個多疑且多慮之人，平時飲食要無聲，嚼物吞物之聲都不要有，這顯示其人有修養及身份。

卷五

論骨肉

立天之道，曰陰與陽；立地之道，曰柔與剛。故地者俱剛柔之體，而能生育萬物也。山者地之剛也，土者地之柔也。剛而柔則崒嵂而不秀，柔而剛則虛浮而不實。故人之有骨肉者，亦若是矣。故肉豐而不欲有餘，骨少而不欲不足。有餘則陰勝於陽，不足則陽勝於陰。陰陽相反，謂之一偏之相。肉當堅而實，骨當直而聳。肉不欲在骨之內，為陰之不足；骨不欲生肉之外，為陽之有餘。故人肥則氣短，馬肥則氣喘。是肉不欲多，骨不欲少也，乃陰陽和平，剛不欲橫，橫則性剛而多橫；肉不欲緩，緩則性柔而多滯。遍體生毛，則性剛而又急。肥不欲紋滿者，近死之應。

肉豐不欲有餘，骨少不欲不足

天代表陰陽，地代表剛柔，這個易經的哲理套在骨肉相上，便產生骨格和肥肉的配合，大至上骨和肉要相稱，骨不能多於肉，肉也不能多於骨，但骨在肉內不容易為肉眼所察知，而骨和肉的比例多少，也是一個問題，故很須要多看和經驗，才能夠判斷準確。

文中提到「肉在骨內陰不足，骨生肉外陽有餘」，我們不講太深的易經陰陽道理，以平常的生理平衡角度去觀察，骨太強便粗露於皮肉之外，這是可覺察得到的，多數粗魯和做體力勞動的人，每屬此相，那些在中環寫字樓工作的人，就多數是肉勝於骨，這是個常理，問題不大，若然骨與肉之間的比例有很大差距，又或者兩種形相的人位置對調，即體力勞動者肉多骨少，而寫字樓員工骨多肉少，便會出問題，試想想，一個斯斯文，肉多於骨的人去做粗重工作，必定會倍感吃力，可以想像，這是命運不好所至，而辦公室內多了個骨格外露的粗人，亦異常礙眼。

肉堅而實，骨直而聳

肉須要結實，當然不是像石頭般硬，是適當地有彈性，有些患病者手足有水腫情況，把手指按下去，肌肉便會凹陷下去，久久不見回復正常，這自然不是個好現象，起碼身體出了問題須要盡快求醫。

至於骨須要聳直，不能歪、曲、斜，大家留意看看，不少年紀大的長者，雙腳因為骨質疏鬆的關係，承受不了身體的重量而形成彎曲變形，亦有長者的背部彎曲，形成陀背，飽受著痛症之苦，命運也好不到那裡去，這個不單單是個人問題，而是社會問題，應該要社會大眾關心，生於低下階層的年老長者，他們長期被疏忽照顧，有病沒錢去醫，飽受骨格痛症的煎熬，最後形成骨骼的變形，實在須要正視和關注的。如果以上的情況，不是發生在長者身上，而是壯年人，這更會是身心影響到命運。

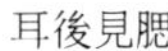

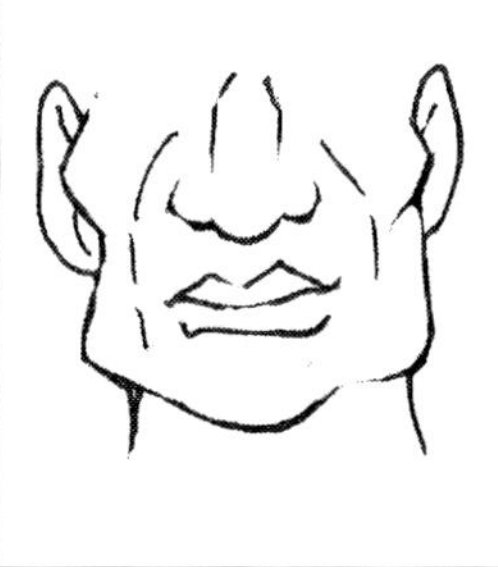

剛不欲橫、肉不欲緩、遍體生毛

大凡骨格都要聳直，不能彎曲，上面都已提到，這裡骨橫的意思，是指向兩邊撐出，正常顴骨應該是向前微微凸出的，如橫向兩邊伸出面外者即是，相書云，顴橫眼突者凶惡暴力。忌橫向伸展的還有腮骨，此種相名為耳後見腮，是反骨無情，同屬於剛暴不仁之相。

那麼其它骨骼又如何？比如手肘骨，若見其骨節粗大外露，是屬於骨格移位之現象。至於肉要有彈性，有彈性便不緩，而體毛多者每多是西方人，亞洲人比較少，是屬於性格剛強和急躁之人。

肉欲香而暖，色欲白而潤，皮欲細而滑，皆美質也。肉重而粗，皮硬而堆塊，色昏而枯，皮黑而臭，癃痱多者，非令相也。若人神氣不名，筋不露骨，肉不居體，皮不包肉，皆死之兆也。又云肉充為膚，肉卻寬，肥人宜輕清不露，瘦人宜堅重不枯。反此者皆不善。若為肉橫者，為帶殺肉病，此主凶暴貧夭也。巍巍峰嶽，豎立萬福，堅剛而峻，鬱茂而秀，此乃天地之骨也。人之有骨節，亦象山岳金石，欲峻而不欲廣，欲圓而不欲粗。瘦者不欲肉少而骨露，露者多艱少壽也。（《玉管照神局》注云：「肉不輔骨則骨露，乃多難少福之人也。」）肥者不與骨隱而肉重，重者乃逆滯夭壽也。（《玉管照神局》注云：「肉肥重乃遲滯之人也。肥不與滿，或滿而盈者，乃速死之人也。」）骨與肉相稱，氣與色相和者，福祿之相也。背攢而體偏，骨寒而肩縮，不貧則夭，不夭則貧矣。（《玉管照神局》注云：「謂背攢而體偏，骨寒而肩縮，凡物有萬狀，人有萬形，亦有折除。或窮而壽，或富而夭。故云不貧則夭也，」）

肉香而暖、色白而潤、皮細而滑

人體會發出體味，有的人散發體香，有人卻散發體臭，這都是因人體質而異，自然是香比臭好，因為汗臭是由細菌產生，如果不理便容易生皮膚病。而皮肉之幼滑，又會比粗糙好，若膚色偏黑而臭，每見於腎病嚴重的人。

肉不居體，皮不包肉

這裡指的是已病入膏肓的人，其肉不居體，身上已無餘肉，到了皮包骨的地步，如此亦離死不遠了。

當然一個正常人，是不會這樣子的，如果忽然無緣無故皮肉產生驟變，這樣便要快快去醫院做全身檢查，恐怕疾病與惡運會即將來臨。

肥人輕清不露，瘦人堅重不枯

要一個肥人不重俗而輕清，瘦人堅實有重量感，確實很不容易，因為這有點違反常理，但人相學就是要在云云眾生之中，尋找特別之相格，如是者又可以接受。

相信這種違反自然的情況，只是給人的一種觀感而已，只要我們留意周邊的人，清而不露的肥人是有的，例如影星沈殿霞，正正就是一點都不覺得她重俗，給人輕清之感。至於瘦人堅重，可以看看伶王新馬司曾，看過他演楚霸王項羽一角的人，相信都會印象尤深。

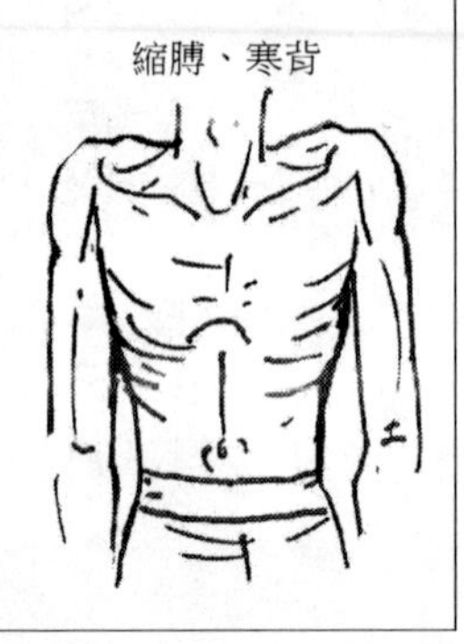
縮膊、寒背

背攢體偏，骨寒肩縮

背部瘦骨明現，以至肌肉出現很深的凹陷，這即背攢體偏，骨寒是指骨骼收縮及傾瀉，最常見於肩背，俗稱縮膊、寒背，這類變形的情況，都屬於貧寒之命，很須要社會人士伸出援手，去幫助這些弱勢社群。

日角之左，月角之右，有骨直起，名金城骨，位至公卿。印堂有骨棱至天庭，名天柱骨，從天庭貫頂名伏犀骨，位至三公。半項以前主初年，半項以後主晚年。或有側斷者，有迍滯之失。面上有骨卓起者，顴骨也，主有權勢。灌區相連入耳，名玉梁骨，主壽考。自臂至肘名龍骨，象君，欲長而大；自肘至腕名虎骨，象臣，欲短而小，故龍銜虎則福，虎銜龍則賤。夫骨之法，與峻長而舒，圓而豎，直而節應緊，滑而不粗惡，筋而不纏，則為上相也。且人雖有奇骨，亦須形相稱，色相助，方成大器。苟諸位不應，雖福

壽而不貴也，宜細詳之。（《玉管照神局》同。又與《五總龜》相骨同。）骨者體之幹，所受宜清滑長細，內外肉相稱。若骨堅半輕細，與骨肉薄者，近於寒也。大抵須得聳直不橫不露，與肉副應者，為善相也。薰工論此骨法曰：「鳳凰骨，鸜鵒骨，駱駝骨，犀牛骨，猿骨。」次說微妙難曉，用意深者亦可知也。

金城骨、天柱骨、伏犀骨

日月角在正前額兩邊，有骨直起，這名為「金城骨」相傳是極其貴顯之相格，實際上有不少這裡骨起，是有智識及機遇之人，圖中這位，　　，是位現

代繪畫大師林天行，很名顯其額骨與別不同，日月角圓起有氣，骨勢直起，故風雲際會下，其畫作得與神舟火箭升上太空，名動一時。

另一種名為「天柱骨」的，從印堂上有骨棱起直上天庭，有此骨者，身處大機構的高層，手握決策之最高權位，貴不可當。

「伏犀骨」在文中所指，是從天庭貫頂而名伏犀骨，但在大多數相書卻是由印堂貫頂，而相比較之下，亦較為合理，如此便要把天柱骨與伏犀骨合拼，同樣是貴極人臣的三公之位，美國總統拜登即屬此相。

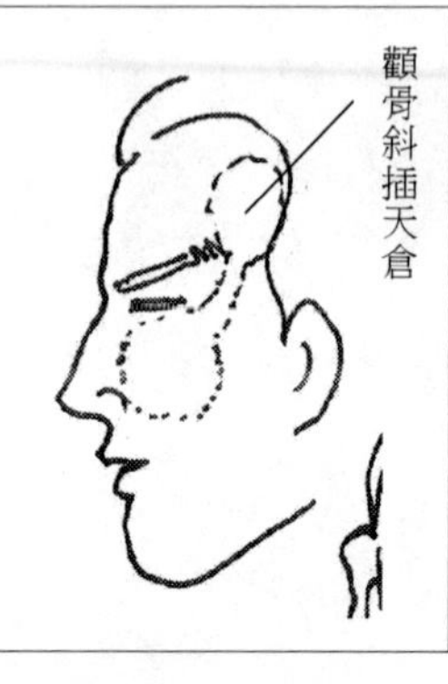

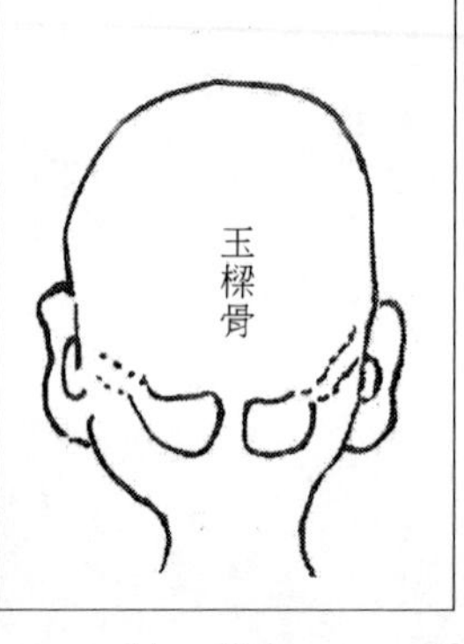

顴骨卓起

顴骨隆起，有肉包而骨不外露者，一般都有話事權，大至機構主管，小至管理倉務，乃至一家之主，顴骨卓起者，與一般顴骨高起的分別是，其顴骨斜插天倉，此屬於權貴相，並有著卓越的成就。

玉梁骨，龍骨，虎骨

玉樑骨是指腦後下方的兩塊小軟骨，其骨伸入耳者，是壽者相。至於臂骨名為龍虎骨，又要上截比下截長，才屬於君臣相配的福相。

骨相還有很多可以探討之處，這裡略作解說而已，但最重要的還是以下的總結：

總而言之，書中所指的大凡相骨方法，要看其峻長舒展、骨圓直豎、骨節緊接而不鬆、其形順滑而不粗惡，沒有被青筋所纏，方為上相。

相骨總論

書中說「人雖有奇骨，亦須其形相稱、色相助，方成大器。苟諸位不應，雖福壽而不貴也，宜細詳之。」

以上便是太清神鑑看骨法之最後總結，其意簡言深，很能表達骨相之精微處，骨格是不可以隨便看的，面相學家林真先生曾在他的著作和論相節目中都常說到，骨格即使怎樣奇，也要先看平衡，不能一臉上的骨格一凹一凸，如此便成怪相，不吉反凶了。

論額部

分一面之貴賤，辨三輔之榮辱，莫不定乎額也。故天庭、天中、司空，俱列乎額，是非攝諸部位，係人之貴賤也。故其骨欲隆然而起，聳然而闊，其峻如立壁，印堂上至天庭有隱隱骨而見者，少達而榮。邊地山林，皆欲豐廣，坑陷貧賤。額兩邊輔角骨起長大者，三品之貴。天中、天庭、司空、中正、印堂五位得端正明淨，總顯達之人也。若狹小而髮亂低覆者，愚而貧賤也。額面小窄，至老貧厄；額大面方，至老吉昌。額角高聳，職位崇重；天中豐隆，仕宦有功。額小面廣，貴處人上。額方峻起，吉無不利。額瑩無瑕，一世榮華。（餘與《瑋琳洞中秘密經》同）

一面之貴賤

額可以看一個人的出身貴賤，這從額主少年的流年部位可以得知，另一說法是眉主貴，是少年以後的貴氣，鼻則主中年富貴，當中便加入了財富的特性。

其實頭骨與額骨，是相連而不能分割的，因此本文論到額骨，說印堂上至天庭有骨隱隱現起，亦與前者金城骨、天柱骨、伏犀骨等看法大致相同，而頭額都是要求聳和峻，兩者並無差異，但額部的行運歲數便集中於少年時期。

邊地、山林豐廣、輔角骨起

額上兩邊的重要部位，是邊地和山林，其位置在兩邊太陽穴上方髮際處，要豐隆廣闊，而額前上方兩邊輔角骨起而長大者，同屬主三品之貴，是位高權重者，同樣地可以看看前例的林天行和拜登，便可以大概了解。相反

這兩處都不欲形成坑陷狀，是貧賤無地位之相。

正前額部位端正明淨

額的前正中由上而下，有五個相連部位都極其重要，分別是：天中、天庭、司空、中正、印堂。

此五位平滿之餘又隱隱同起，其氣相連，沒有凹陷者，便是端正明淨，主早年根基良好，是學業表現出色的顯達之人。相反狹小不平，髮際低而雜毛下侵，有覆蓋額頭之勢者，是頑愚貧賤之相。

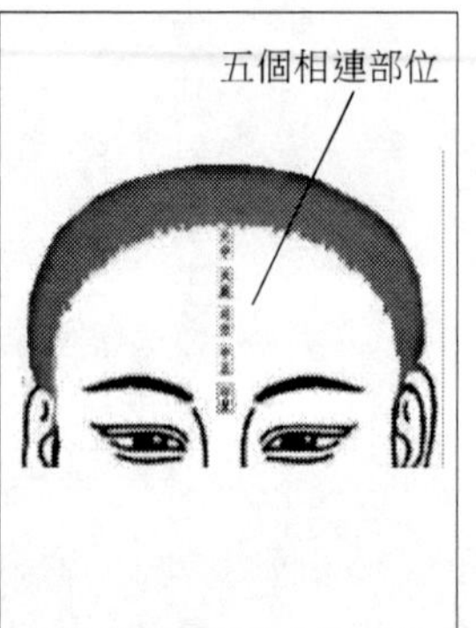

額面小窄、額大面方

有些人的頭和面十分之狹窄，特別是沒有面

圍，是終身貧窮之相，這裡有一點須要加以探討的，就是窄面之人會是個面瘦者，但瘦人當中也會有富貴的，例如邵逸夫，這位影業大亨幾乎無人不識，到底他有甚麼與別不同呢？可以從瘦臉中大發起來？這便要說到他們雖然是瘦，但面圍不窄，亦即是面相中的「面有城廓」，面的內圍是「城」，外圍是「廓」，是主觀人緣際遇及財運的總部位，兩者配合得好，加上五岳相朝，是大富貴相。

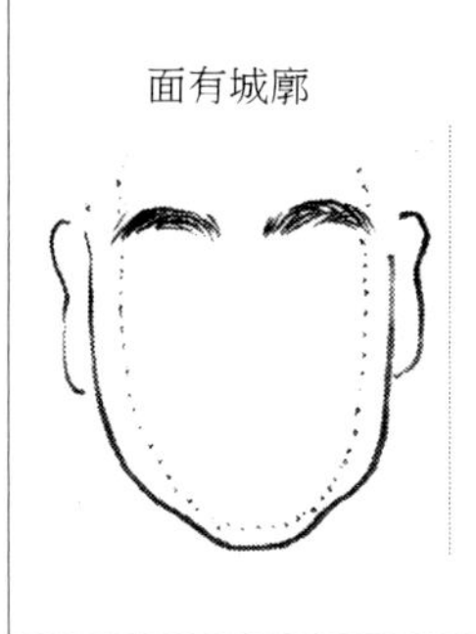

額方峻起，額瑩無瑕

正前額在面相十二宮中是「官祿宮」，若其人骨氣隱透，額頭在受光時便產生額上瑩光，只要大

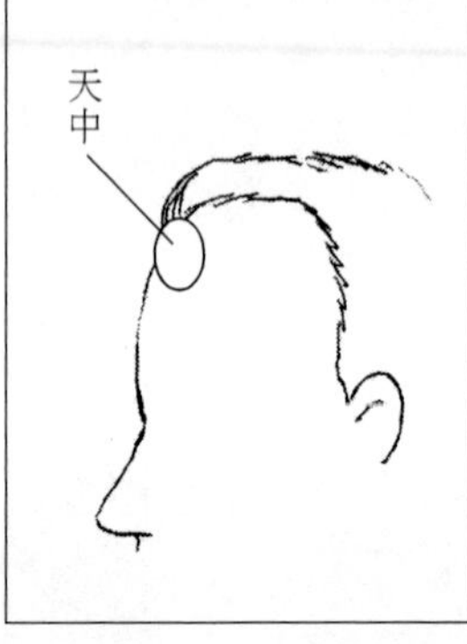

家留意便可以看到，如此之相主職位崇高，責任重大。正前額的中央最上處髮際下，名為「天中」，這裡高隆者，更屬於大機構部門主管，功績過人。

論頭部

頭部者，處一體之尊，為百骸之長，群陽會集之府，五行正宗之鄉。高而圓，藏虛而大者，令首也。天高峻而清圓，故三光得以照萬物，無為而自運，故道濟天下而體常不動，曲成萬物之性而常不流。是以頭之像，天之形也。欲得峻而起，豐滿而圓，像天之德也。欲得嚴正在上，不側不搖。若夫尖薄而小，缺陷而傾者，貧下之儀也。得坐低斜，或搖或擺，賊劣之相也。故骨欲豐滿而起，俊秀而凸，短則欲厚，長則欲方。項突者崇貴，側陷者夭薄。頭皮厚者足衣食，頭皮薄者貧賤。皮青者吉善，皮白者下賤，皮黃者貧苦，皮赤者兇災。頭有餘皮者，財食豐足；頭有肉角者，必有富貴。左偏損父，右偏損母。

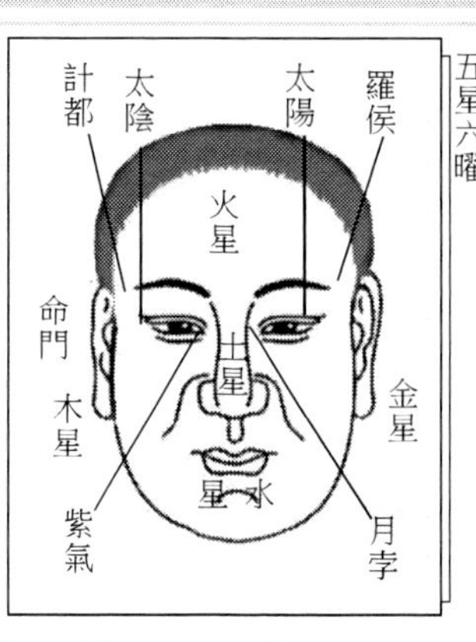

五星六曜

五行正宗，頭高而圓

本書極其重視人的頭部，稱頭部為一體之尊，五行正宗，何以見得？皆因除了頭骨之外，五官中的：眼、耳、口、鼻、眉，和「五星六曜」，都包

含在頭部，而整個身體都要聽從大腦指揮，故又稱之為百骸之長，群陽會集之處，故整個頭要高而帶圓為最理想，還要藏虛而大，是指頭面之上，有些地方是須要藏虛的，比如眼、口、鼻孔、耳的週邊，如不藏則浮，眼耳口鼻外浮的話，絕對會影響到五官本身，造成命運的落差。

天之形、三光照萬物、無為而自運、道體常不動

在未作註解之前，我想大家先讀一下原文：

「天高峻而清圓，故三光得以照萬物，無為而自運，故道濟天下而體常不動，曲成萬物之性而常不流。」

不要以為這段文字是在講頭面相，實則其理出自易經，也可以說是現今科學的敘述，文中所指的是宇宙觀，並以頭來比作宇宙。首先是說明天上圓而無雜它物，甚至在無重狀態下，而三光：太陽光、月亮光、地球光，互相

折射而照亮萬物，並且地球遶著太陽自轉。

太清神鑑內容較一般相書深，看本文便感受得到，其理論涉及古人對天文地理的探索，要讀懂本書，須對天象有認識，當然用在面相實際操作上，我們現代人還是要簡單淺白些較好。

像天之德，欲得嚴正在上，不側不搖

除了基本頭形的要求，要圓中帶峻，骨豐肉滿而起，又要俊秀而凸之外，更要像天一樣，頭部要安穩而正，頭側頭搖都不好，代表天上風雲不定之象。

頂突者貴，側陷者夭，短則欲厚，長則欲方

尊崇及貴顯者，頭頂又要突出，當然是適當的凸顯而不是怪怪地尖凸。

相反頭頂傾側偏陷者，便為夭薄相了。頭生得略為短的人，其頭骨應該要比較厚，若頭生得比較長，最好便略帶方形（圖唐英年）。

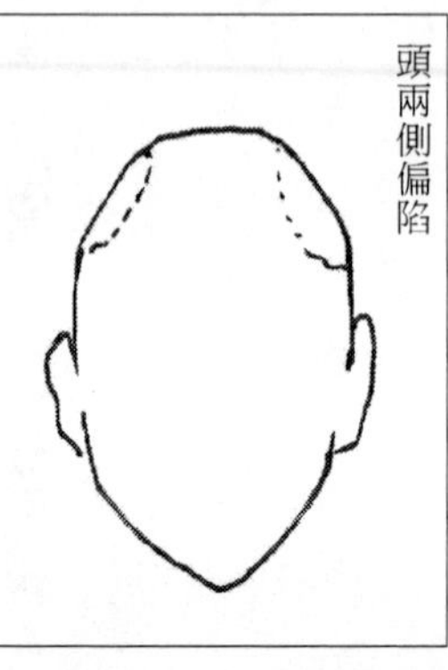

頭皮厚、頭皮薄、皮青、白者賤、黃者貧、赤者兇

細心地看頭相，原來還有頭皮質地及膚色可相，文中便有如下的分析：

頭皮厚者足衣食，頭皮薄者貧賤。皮青者吉善，皮白者下賤，皮黃者貧苦，皮赤者兇災。頭有餘皮者，財食豐足。

頭有肉角富、頭角左偏、右偏

頭的上部兩側是為頭角，長有肉角者富貴。另外若頭角斜向左偏，即左方凸而右方不配合，主損父，右則損母，如果小兒初生便有這種奇怪現象，很可能是天生有著生理上的缺憾，做父母自然要倍加操心，但這也無須計較是誰影響誰剋了。

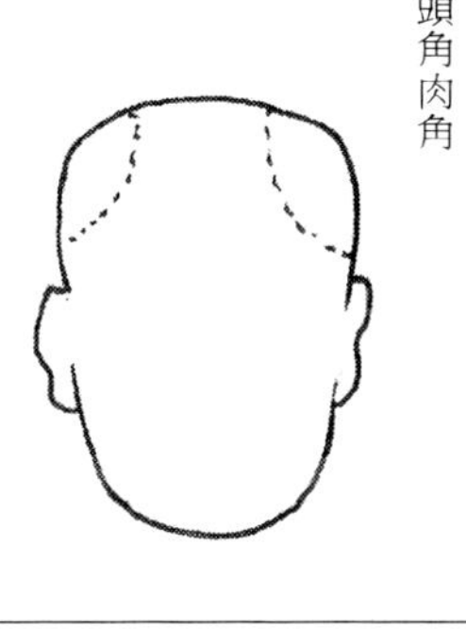

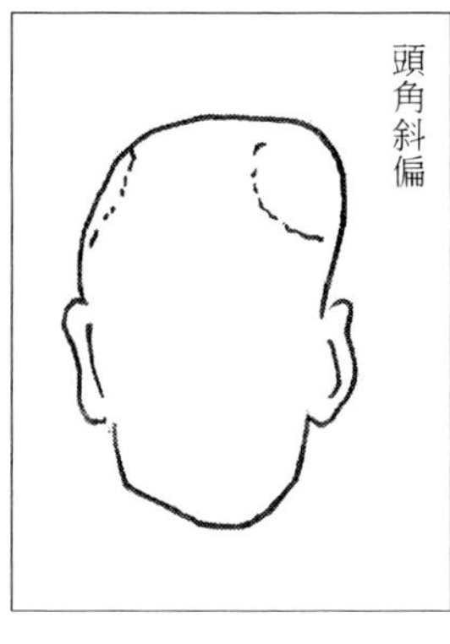

耳後有骨名壽堂骨，耳上有骨名玉樓骨，並至官祿。行不欲搖頭，坐不欲低頭，皆為貧弱之相也。是以身小頭大，卑賤之輩；身大頭小，觸事不了。頭不應身，先貴後貧；頭通四角，高權超卓。牛頭四方，富貴吉昌；虎頭高起，福祿無比。狗頭尖圓，悲涕流漣；鹿頭側長，志意雄剛。獺頭橫闊，

心意豁達；像頭高厚，福祿長壽。犀牛崒嵂，富貴無失；駝頭蒙洪，福祿永終。蛇頭尖薄，財祿寥落；頭尖銳，窮厄無計。

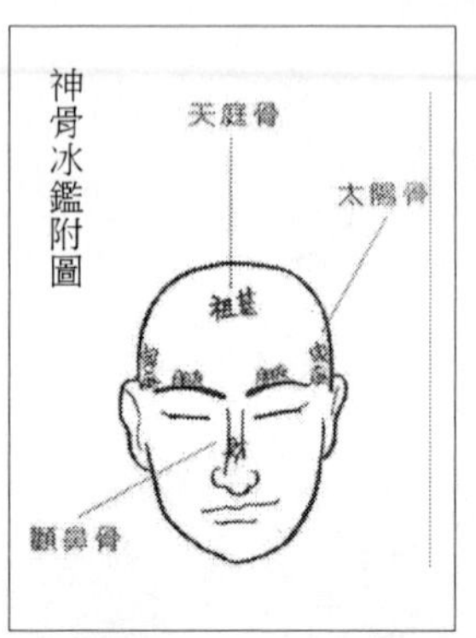

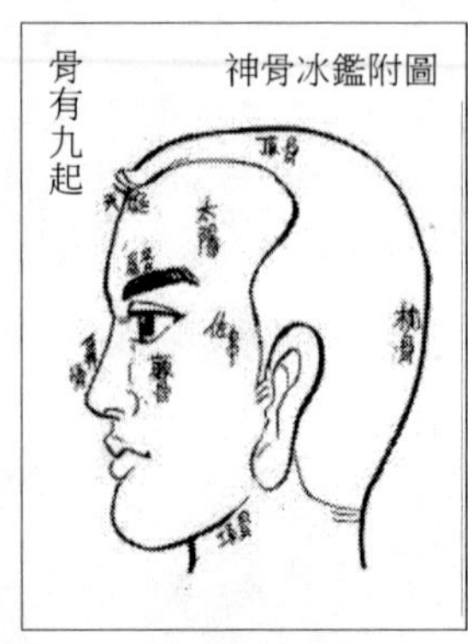

壽堂骨，玉樓骨

耳後方，亦即後腦枕骨的兩旁，兩邊都生有一塊小軟骨，是為官貴之相，生在耳叫壽堂骨，生於耳上則為玉樓骨，這裡只提到兩種，但在另一部相學經典「冰鑑」，便有著多個腦後的小軟骨描述（可看作者神骨冰鑑）。

行搖頭、坐低頭、頭部比例

行路時頭部搖動者故而不好，坐下來便即低首「低頭族」，被指為貧困之人，當然，坐下來埋首工作或看書的話，是自然的低首，可不計在內，這裡所說的是那些坐下來甚麼都未做，隨即垂首，像無力支撐頭部那樣，大家要分清楚。

額紋

額之有紋，貴賤可斷。若額方廣豐隆而有好紋者，則爵祿崇也。如額尖狹缺陷，更有惡紋者，則貧賤無疑矣。三紋偃者，名曰偃月紋，主朝郎。三紋偃［（三紋偃上者）與以下各種形狀的額紋，在《四庫全書》本《太清神鑑》中皆有圖示之符號，可參看，此處略。］上，一紋直貫者，名曰天柱骨紋，主節察武臣。王字紋者，主公侯。天中豎紋，下至印堂，名曰懸雲紋，主卿監。印堂兩紋直上，長三寸者，名曰蛇行紋也，主送路。井字紋者，主員外。

額紋

說到額上的紋理，中年起便開始生起來了，到了晚年更是愈生愈多，這可以說是人在歲月裡的痕跡，無可避免，但也有些人是例外的，年長了也很少額上紋理出現，這說不定是與其人的心境有關，保持良好的身心狀態，生活無壓力，減少愁煩，面上的皺紋自然也會少一些，相信沒有一個人，尤其女性，想見到自己臉上充滿著皺紋的。至於書中所指出的一些特別紋理，生於額上，可能是比較特別，因而有著其不同的身份與貴賤，大家可以參考上面的原文，再代入現實生活中去，也頗有趣味性。

川字紋者，主憂慮刑喪。十字紋者，主吉昌。田字紋者，主富貴。山字紋者，侍從之榮貴。乙字紋者，京朝之要職。水印紋者，主榮貴顯達。額上亂紋交斋，則貧苦多災。婦女額有三橫紋者，則妨夫害子，貧夭俱至矣。

額上亂紋交加，額有三橫紋

總而言之，額上的紋不能夠雜亂無章，交纏粗劣，這樣都是貧苦之相，額上紋細秀不亂者是貴相，另外又說到三橫紋，這種橫紋也屬於平常可見，生在婦人之額上，又何以會妨夫害子那麼嚴重，應該講清楚點，這種紋理若在年老長者來說，並無大礙，因為是自然現象，若生於少壯而見之則不妙，尤其是紋理太深刻粗糙，便會更加惡劣，除非這些紋理幼細中又帶清秀，如此則又為吉相。

枕頭部

人之骨法中貴者，莫不出於頭額之骨。頭骨額骨之奇者，莫不出乎腦骨成枕，人之有此，如山石有玉，江海有珠，一身恃以顯榮者也。故人雖有骨奇

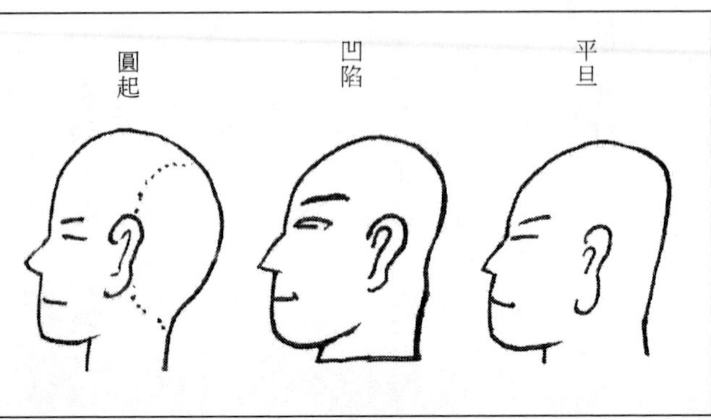

異，亦須形貌相副，神氣清越，方受天祿。不然，恐未盡善也。夫腦後名曰星台，若有骨者名曰枕骨。凡豐起者，主其人一生富壽。如或低陷，必主貧夭。

後枕骨

前文已對頭額有很多講解，剩下來的便是後枕骨了，人的後枕不要平坦，更忌凹陷，有骨圓起者貴。但說到最後，即使頭上骨格如何奇特也好，都要有合適的形相面貌，以作配合，才算得上形貌相乎，其運方真，否則也未能夠十全十美。至於腦後又名叫「星台」，豐起者代表壽徵，低陷則貧夭。

三骨皆圓者，名曰三才枕，主使相。四角各有一骨聳起，中央亦聳者，名曰五嶽枕，主封侯。兩骨尖起者，名曰雙龍枕，主節樞將軍之貴。四邊高中凹者，名曰車輪枕，主公侯。三骨並者，名曰連光枕，小者為二千石，大者為將相。一骨彎仰上者，名曰偃月骨，主卿監。一骨彎俯下者，名曰覆月枕，主朝郎。兩骨俯仰者，名背枕骨，主武關防，又主高文貴顯。上一骨下二骨分排而圓者，名三星枕，主兩副制官職。兩方骨皆起角者，名曰四方枕，大者為二千石，小者全祿。一骨聳起而圓者名曰圓月枕，主任館殿清職。上方下圓者，名曰垂露枕，主為員外郎。上下圓棱似杯者名曰玉樽枕，大者主卿相，小者主刺史。三骨直起，一骨下橫承之者，名曰山字枕，主聰明富貴。一骨圓一骨方者，名曰疊玉枕，主富而榮。一骨聳起而尖峻者，名曰象牙枕，主兵將之權。骨起四角者名曰懸斜枕，主節度武臣。一骨橫截者，名曰一陽枕，主巨富壽高。

各種枕骨

有些人後枕會有各自不同的小骨凸出來，形成以下的各種奇骨異起相：

三才枕、五嶽枕、雙龍枕、車輪枕、連光枕、偃月骨、覆月枕、三星枕、四方枕、圓月枕、垂露枕、玉樽枕、山字枕、疊玉枕、象牙枕、懸斜枕、一陽枕。

原文以多種枕骨的形成，反映其人官職身份之高低等級，這是古時人的一種統計結果，到了現代還須採用新思維，並結合其它學術，以作新考證，方能成立。

大凡骨得近下者過腦而易辨，近上者淺而難驗矣。骨者一定之相，有之則應也。故古人有言頭無惡骨，面無好痣，殆不爽矣。《瑋琳洞中秘密經》同

骨相總結

骨相是一種甚難辨別的學問，在相學上便有摸骨這一個門派學術，在現今雖然漸漸失傳，但近代卻有骨相學者盧毅安先生，結合了中西和日本的現代骨格學問，並著書立說，強化了骨相學的演進，有心研究骨相的朋友，不防多加關注。

論面部

面之三停，自髮際下至眉間為上停，自眉間至鼻準為中停，自準人中至頷為下停。夫三停者，以像三才也，上像天，中像人，下像地。上停長而豐隆，方而廣闊者，主貴；中停隆而準、峻而靜者，主壽也；下停方而滿、端而厚者，主富也。若上停尖狹缺陷者，主多刑厄之災，妨剋父母，卑賤之相也。

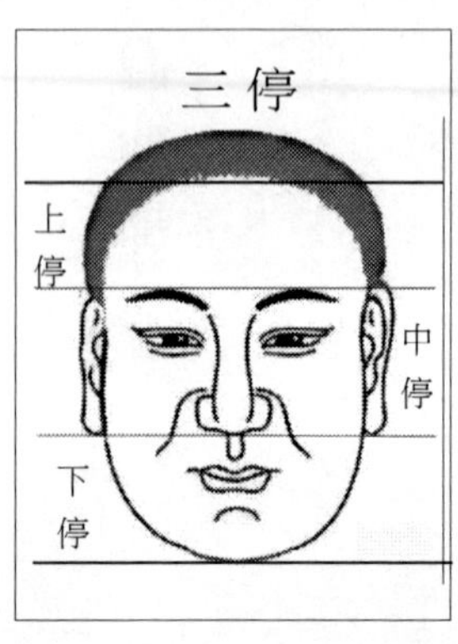

中停短小偏塌者，主不義不仁，智識短少，不得兄弟妻兒之力，亦中年破散也。下停長而狹、尖而薄者，主無田宅，一生貧苦而艱辛也。三停皆稱，乃上相之人矣。

三停相

關於面相三停，前著已有大量的圖文解說，這裡只作簡述，大家可以重溫三停圖，喚起記憶。本文大致想講，三停分別主上停看貴氣、中停看壽命、下停看財富。三停的上下都要廣闊而厚，中停則須要挺，這便乎合要求，尖薄凹陷者是為劣等三停，上停主少年、中停主中年、下停主晚年，其成敗得失，都反映在各自不同歲月當中。

論眉部

眉者，媚也，為兩月之翠蓋，一面之儀表。是謂目之英華，主賢愚之辨也。故欲疏而細，平而闊，秀而長者，性聰敏也，若夫粗而濃、逆而亂、短而蹙者，性凶頑也。眉過眼者富，短不覆眼者乏財，壓眼者窮逼。頭昂者氣剛，卓而豎者性暴，尾下垂性懦。眉頭交者，貧薄妨兄弟；毛逆者，妨妻不良；

眉為一面之表

在前兩卷中，眉相亦講過不少，本章就集中重來一次總論。本文開始時，便提到一句相學的名詞「眉為一面之表」，相書云：「鼻為一面之尊，

眉為一面之表」，可知一臉之上，鼻和眉的重要性，眉僅次於鼻子，佔著面相把關的位置。何以眉為一面之表呢？表者，外表儀容，大家可以想像一下，如果沒有了一對眼眉，即使五官樣貌如何清秀，都只會顯得怪怪的。因此雙眉實為臉上的重要表徵。

眉爲目之英華

眉眼要相配，眉就好像是雙目的花朵那樣，眼睛須好都要有眉配合，尤如得到綠葉扶持，眉又可分別人的氣質賢愚，故以疏細而不薄、平闊不亂、長而帶秀者為聰明相。相反地，眉粗濃、逆亂、短蹙等等，都是頑愚之相。

各種眉形變化

不要以為兩條眉毛沒甚麼可看，若細心觀察便發現雙眉可以有很多不同

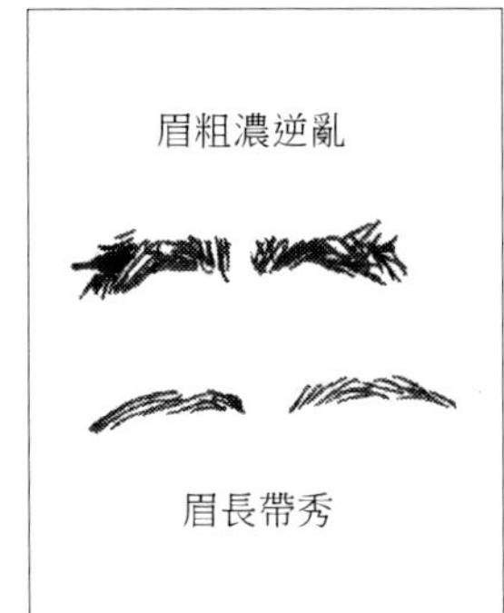

變化，但大致上都離不開：

眉長、眉短、眉壓、眉豎、眉垂、眉交、眉逆

書上講到，眉過眼者富、短不覆眼者乏財、壓眼者窮逼、頭昂者氣剛、卓而豎者性暴、尾下垂性懦、眉頭交者、貧薄妨兄弟、毛逆者，妨妻不良。

鼻子看富貴大家都聽得多了，這裡卻以眉長短高低來論貧富，又以眉形倒豎或尾部下垂，來定一個人的性格強弱，但要注意的是，眉尾揚起是有志氣之佳相，倒豎眉指眉過份地豎起，故為不吉之相，而眉尾下垂通常被視作沒有志氣，無骨氣之人，若此相出現在官場之上時，會反映官場之貧腐無能，民間大戲每以這種角色造型來代表一些貪官

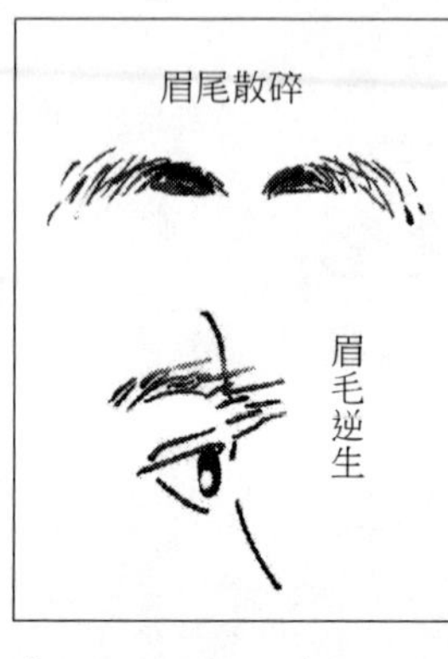

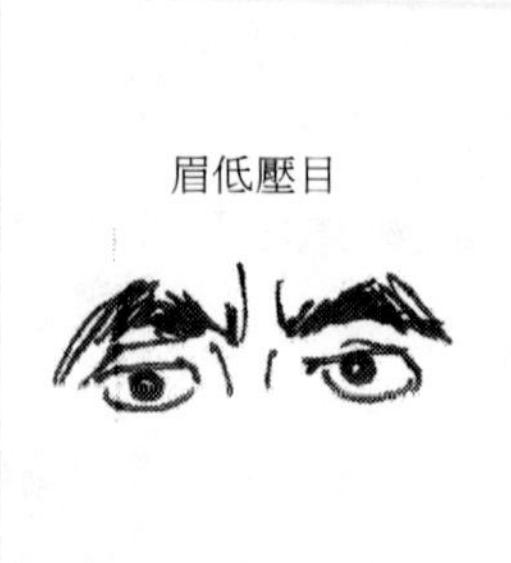

或庸官，這不無其過中道理。一般相書以眉長視為兄弟多、短為兄弟少，亦有以眉尾散碎為財散，眉低壓目者主受人壓逼，眉眼運三至四十歲間，有志難舒，眉高揚者又名「眉高照額」，主少壯得運，心懷大志向之相。眉頭交連者，多數是眉頭倒生逆毛所致，這是小器、人際關係差和入運很遲者之相。眉毛逆生向出者，兄弟及朋友之間多鬥爭，容易有情緒病，以至會影響婚姻。

骨棱起者，兇惡多滯。眉中黑痣，聰貴而賢；眉高居頭，中年大貴。眉生白毫，多壽；上有直理者，富貴；橫理者，貧苦。中有缺者，多奸計；薄如無

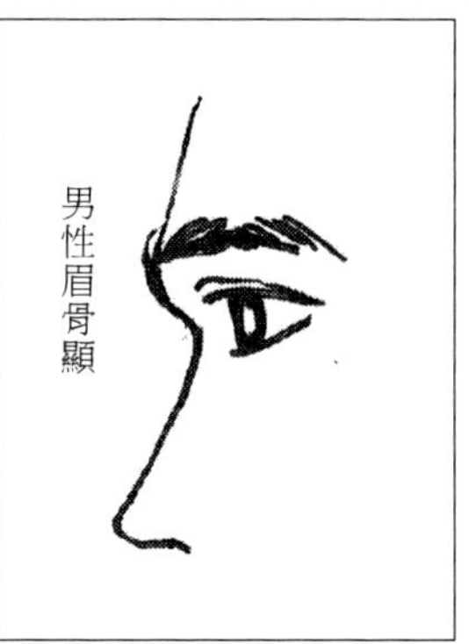

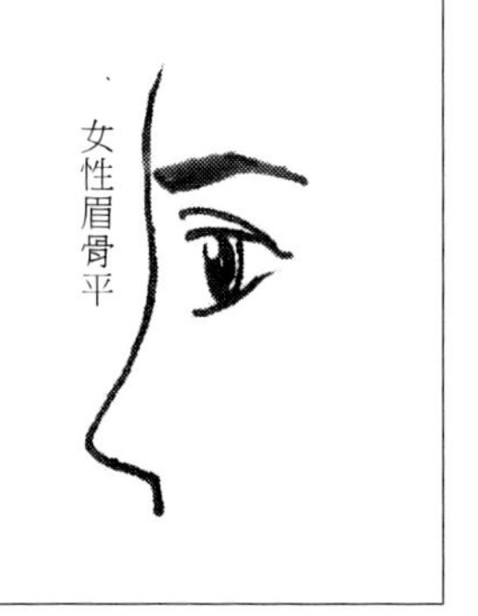

者，多狡佞。是以眉高聳秀，威權祿厚；眉毛長垂，高壽無疑。眉色光澤，求官易得；眉交不分，早歲歸墳。眉如彎弓，性善不雄；眉如初月，聰明超越。眉垂如柳，貧浪無守；彎彎似蛾，好色性多。眉覆眉仰，兩母所養；眉如高直，身當清職；眉頭交破，迍邅常有也。

眉骨棱起、眉中黑痣、眉高居頭、眉生白毫⋯⋯

看眉棱骨要留意一點，男性會比女性的眉骨突出，男性的眉骨不可以像女性那般平坦，否則便會像個女子，沒有男子氣概，但也不可以太粗露外凸，這便會如書中所說的凶暴相。

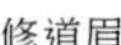

一般黑痣不宜外露於面上，但卻宜隱藏，因此眉毛內的黑痣是為吉相。眉高照額，是形容眉生得高，主中年大貴。眉生白毫即眉毛生出了一兩條較長，透明或白色的豪毛，是壽高之相。眉毛內上有垂直紋理者富貴，橫紋理者貧苦。眉中有缺口，其人多奸計，兄弟朋友間不和順，眉薄如無者，親情淡薄，人很現實。

因此，眉高聳而帶秀氣者，主威權祿厚，眉毛長而又在尾端的眉毛垂下來，在看古裝戲時，每見老道士會有此種眉出現，可見這是修道者相，亦為壽高之相。另眉色光澤，主建立功績，眉頭兩相交連者，加上眼無神，便是早夭相。

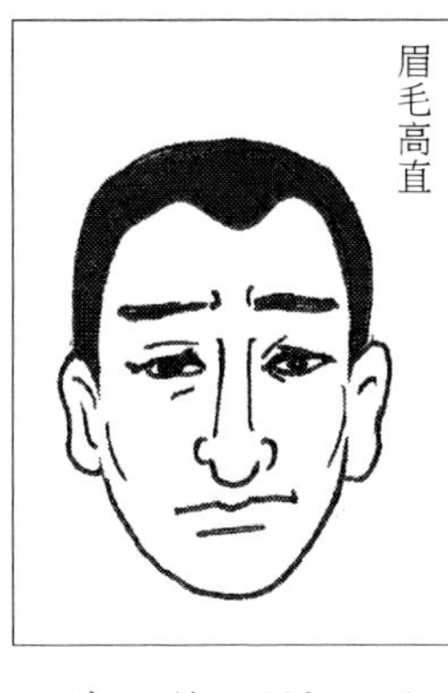

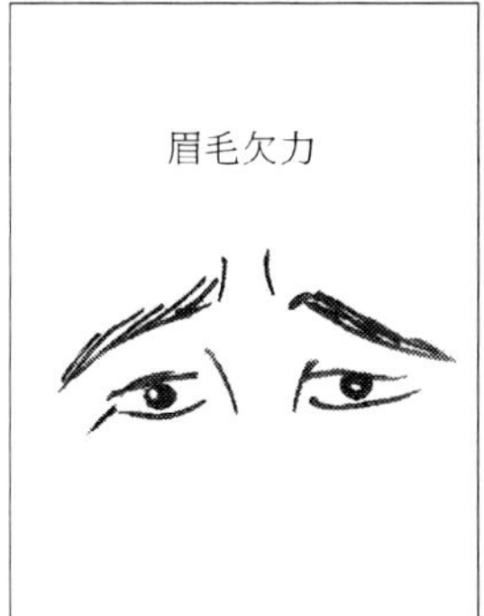

眉如彎弓、眉如初月、眉垂如柳、眉彎似蛾……

這裡說到的大都屬於彎曲眉毛相，一般相書都以眉毛略帶彎弓為好，不宜太直，但書中說到不少負面的看法，說眉如彎弓，性善不雄，即指不夠陽剛之氣，這分明是充著男性來說，女性則沒問題，眉如初月又名新月眉，眉形秀美頭尾兩端略尖，主聰明智巧。眉垂如柳應該指那些眉毛欠力，倒垂而下沒氣勢的眉毛，主欠志氣和無操守，是個沒有原則的人。至於眉彎似蛾、眉覆和眉仰，都未有較多的論點，其吉凶存疑。眉毛生得高且直的人，個性直率而不善逢迎，雖有官職亦身當清職，若眉頭有交連破口者，是為破相，運程逆滯不前。

論眼部

眼本清淨，所以生神，為木星。欲長秀分明，白如玉，黑如漆，聳而入鬢者，大貴之相也。若短小而明有異光，輪動爍人者，此又貴而有壽。若睛凸四露，視有神采者，亦主權殺。或大而無光，長而無神，外無上下堂，赤脈相侵，睛視不澆，眼頻動搖，睡沉重不合，目瞳黃者，不善相也。董正曰：「眼頭如眼尾。」開合含異光者，神仙之相，非凡相也。更有白刃當前，還目驚潰而眼不及閃者，此主貴權上將之相也。

眼淨生神，長秀分明，短小異光，輪動爍人

人一生下來，本身就是六根清淨，其中眼根本淨，是指眼的功能，本來就是不離外在環境因素的，但現實是，人一出生便要接觸外界，人事時刻變

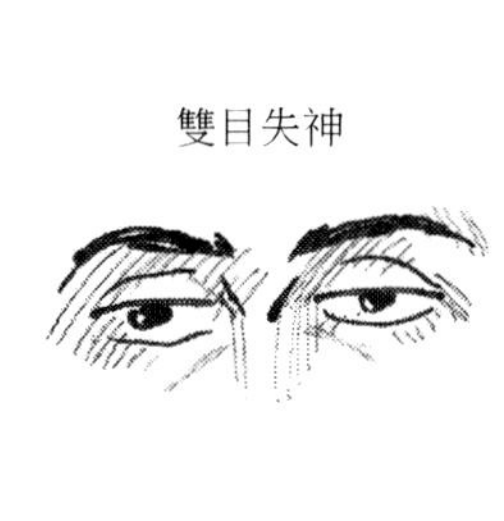

化，眼睛便產生種種眼神，以適應環境以求生存，當一個人雙目失了神，代表已到臨終之期了。

眼要秀長，黑白分明，即黑眼珠要漆黑，眼白要明亮，眼尾聳起有入鬢之勢者，是為大貴之相。若眼睛生得較為短小，但明亮有異光，眼輪有閃爍之光，此又是貴而有壽之相。

睛凸四露、視有神采、大而無光、長而無神……

雙目暴突形成四白眼，若見眼中有神采，是甚為少見的，多數眼露鋒芒便會浮光閃現，是凶相，這裡應該是指有些人如希特拉，他眼就有神采但露三白，雖然他有著頗大功業，但終歸失敗，收場慘

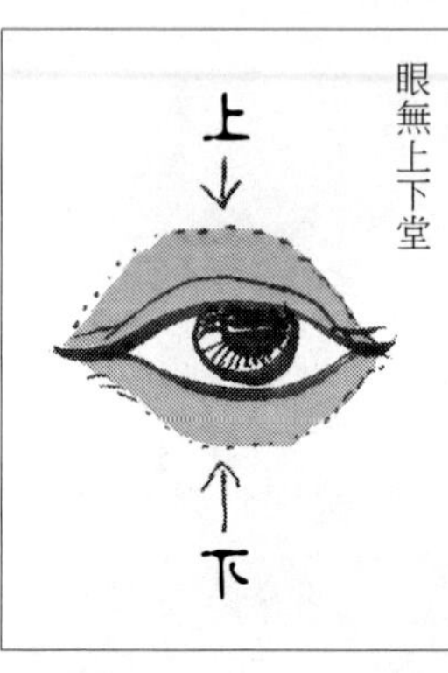

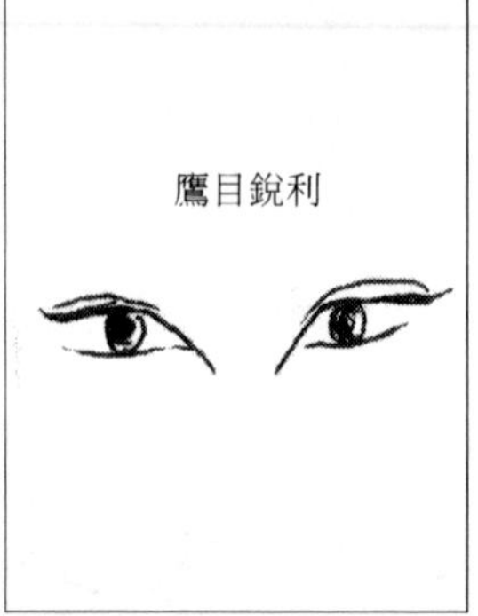

淡。另外眼大而無光采、目長而無神，都是個有始無終，先成後敗的人，若眼無上下堂，即眼無崖岸，便一生難有小成就了。

赤脈相侵、睛視不遠、眼頻動搖、睡不合眼……

書中的赤脈相侵，即指眼內有紅筋貫睛、睛視不遠、眼頻動搖、睡覺時眼睛不閉合、眼瞳黃色者，都是不善終之相。又說眼頭如眼尾，是指眼頭特別的尖銳，有如鷹目之銳利，開合時目含異光，這更是非凡者之相。若有人在危急關頭，雖然是驚恐但雙眼卻能保持鎮定，不會目光流閃者，此為出入戰場上，手執帥印之權貴相。

腰背法論

行步緩而輕，坐起正而實，是謂有腰。前視如覆物，後視如帶臼，是謂有背。有背無腰，初發後滯；有腰無背，初困終亨，於是發中亦多憂疑。兩者全備，則一生享富貴，毀辱不能及，利害不能動，即有德之人。且相腰背之法，又不以魁偉而取。但小以應小，大以應大，皆可矣。故腰背有旋生者，舉止重，正面開，精神藏，陰騭滿，氣色明，然後能生。欲知生之時，金以四，木以三，水以一，土以五，火則不能生也。欲漸不欲頓，欲停不欲偏，如臃腫肥大，乃肉滯矣。非謂之腰背，則牛行步緩，取之得矣。

《觀妙經》腰背論同上

行步緩而輕，坐起正而實

有腰者，最忌擁腫肥大，腰要修長，身子挺直，腰背不能偏斜，即使在

行路時亦如是，因此舉步不急亂，緩輕有序。背與腰很接近，腰背合一便有重量感，此為有腰，書中視為富貴相。另外腰背挺直，也代表一個人正直，是個有德行之人。腰背不是以魁悟便好，要講求全體之比例合稱，若論氣色，則以金木水火土之數來定生剋。

論腰

腰者，為腹之山，如物依山以恃其安危也。欲得端而直，闊而厚者，福祿之人也。弱夫偏而陷、狹而薄者，微賤之徒也。或薄短者，多成多破；廣長者，保祿永終。直而厚者，富貴也；細而薄者，貧賤。凹而陷者，窮下；裊而曲者，輕劣。蜥蜴腰者，性寬而善；尖蜂腰者，性鄙而和。夫臀高而腰陷者，主賤；腰高而臀陷者，主貧。大體腰欲端闊，臀欲平圓，則稱也。

腰爲腹之山

腰的看法大致上都跟上文腰背相近，沒太大分別，都是端直、闊、厚為福祿，腰長者福祿長久。腰薄且短者多成敗，腰凹陷者窮困，梟而曲、蜥蜴腰者柔軟，主性寬而善。

尖蜂腰、臀高腰陷、腰高臀陷、腰闊臀圓

腰不宜太窄小，被稱作尖蜂腰，但現代女性減肥收腰，追求完美體態，卻不知影響運氣。腰和臀也要自然配合，腰高臀陷者主貧，腰闊臀圓，能相稱者主吉。

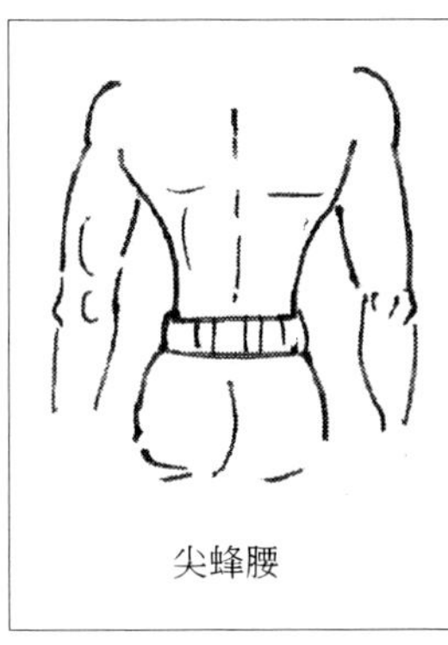
尖蜂腰

論背

背者，一身之基址也。人不論肥瘦輕重，皆欲有背。夫有背者號為有上，須得豐隆不俗，如龜背而廣厚平闊，前看如昂，後看如俯，福相也。或屈而視下，頭低而蟠者，非貴相也。

廣厚平闊

不論是肥是瘦、是輕或重，都要有背，背要夠厚，要平闊有肉，但說到像龜背，那便有商榷的餘地了，皆因龜背實在太厚硬了，可以想像到真的這樣會有多怪相。文中所指，背部要前看如昂，後看如俯，前看便是看腹，後方只能看腰，無論是昂或俯都難以理解，最後說到背部屈曲低頭而視線向下者非貴相。

論腹

腹者，內包六腑，圓長者可辨其貧富；下養元靈，扁大者可知其愚智。故腹欲得圓而大者，智而榮貴；扁而長者，愚而卑賤。大而近下者，名光朝野；小而近下者，清聰長者。圓如玉壺者，巨富；窄如雀肚者，至貧。圓而近下者，富貴；圓而近上者，貧賤。尖而長者，愚而賤；橫而圓者，智而榮。如抱兒者，富貴；如蝦蟆者，貧賤。貪婪如牛肚者，積財；寒縮如狗肚者，賤；如羊獨者貧。如衣裘者富，如筲箕者貧寒。肚有三壬者，貴而壽。肚有好痣者智，肚端而妍者才巧，肚扁薄而醜者愚苦。又云，腹者，包容臟腑，乃身之營也。欲闊大而垂囊，若橫凸者非也。或若雀腹鼠腹，不為貴相也。

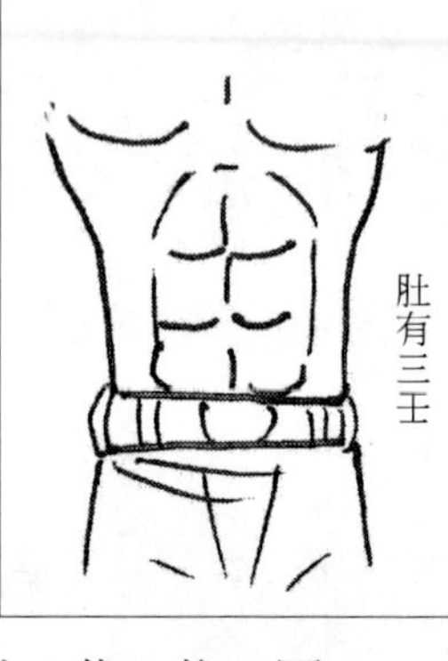

腹相

相腹部在本文中有很多舉例，但都離不開腹部圓大，凸出為好，凹入和窄小便不好，但這樣並非能判斷腹部好壞的理據，可能是基於古時的人與現代人有所分別，豐衣足食的人畢竟很少，能夠吃到肚子圓起來的，自當較為享福，相反腹部凹陷瘦小，就被視為營養不良的貧苦大眾了。

肚有三壬

這個肚有三壬的意思，是指有六塊腹肌，這代表強壯者的象徵，故而貴且壽。生在肚上的是智者的痣，肚端正者才巧，肚扁薄而醜者愚。又指腹者

包容臟腑，欲闊大而垂囊，即小肚往下垂，若然於胃部外凸則不吉。

論臍

臍者，是筋脈會要之地，為臟腑總領之關。故臍欲深而闊，不欲淺而狹。深而闊者，智而有福；淺而狹者，愚而多賤。生近上者衣食，生近下者貧薄。低向下者有識，突向上者無智。圓而正者善士，斜而醜者惡人。藏而深者福祿，凸而出者賤矣。大能吞萬物者，名榮邦國；小而一撮者，惡傳千里。

臍相

臍部的根源，可以追溯到在母體的時候，筋脈相連，人出世後便成為獨立個體，剪開的臍帶會收於臍部，且會生成不同形狀來。

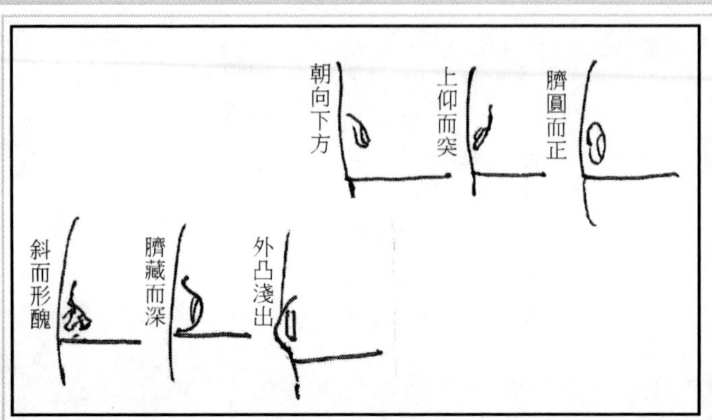

肚臍要深而不欲淺，要闊而不可狹，這是智愚貴賤的分別。肚臍生得較高者有衣食，生得較低下者貧薄。臍部朝向下方者有智識，上仰而突者低智。臍圓而正者善良，斜而形醜者心惡。臍藏而深者有福祿，外凸淺出者貧賤。

在學術的角度，臍相是沒問題的，但要看人家的肚臍也實在有點不雅，因此大家為免造成誤會，還是慎守言行，皆因相學重於面，其它只屬次要。

論四肢

夫手足者謂之四肢，以像四時。加之以首，謂之五體，以像五行。故四時不調，則萬物夭閼；四肢不端，則一生困苦。五行不和，則萬物不生；五體不稱，則一世貧賤。是以手足猶木之枝幹，節多者則不材之木也。故手足欲軟而滑淨，筋骨不露，其白如玉，其直如筍，其滑如苔，其軟如綿者，富貴之人。其或硬而粗大，筋纏骨出，其粗如土，其硬如石，其曲如柴，其肉如腫者，皆為貧徒矣。

四肢相

本文以四肢反映四時，是個很創新的理論，相信現今仍會是個創見，書中還加入頭部，合成了五行，金木水火土，又以四肢不端代表五行不和與不稱，可惜書中沒有進一步的說明，只點到即止而已。

書中又以手足比作樹木的枝幹，手足要軟，富有彈性是富貴之人，相反粗硬骨節大、筋纏骨突是貧者相。

論手

手者，其用所以執持，其情所以取捨。故纖長者性慈而好施，厚短者性鄙而好取。手垂過膝者，世間英賢；手不過腰者，一生貧賤。身小而手大者福，身大而手小者貧。手端厚者福，手薄削者貧。手粗硬者下賤，手細軟者清貴。手暖香者清華，手臭汗者濁下。指纖而長者聰俊，指短而禿者愚賤。指柔和密者積蓄，指硬而疏者破散。指如春筍者清華富貴，如鼓槌者頑愚。如剝蔥者食祿，如竹節者貧賤。手薄硬如雞爪者，無智而貧；手倔強如豬蹄者，愚魯而賤。手軟如綿囊者至富。

手纖長者性慈、厚短者性鄙、手垂過膝、手不過腰

人的雙手肌膚要纖細，長一定比短好，書中說若論心性慈而好施者，手

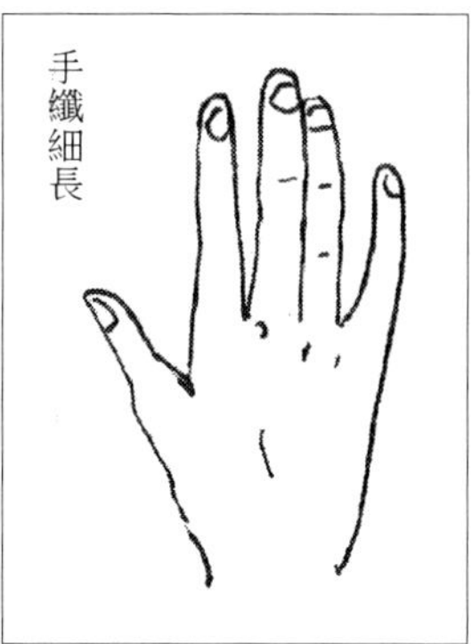

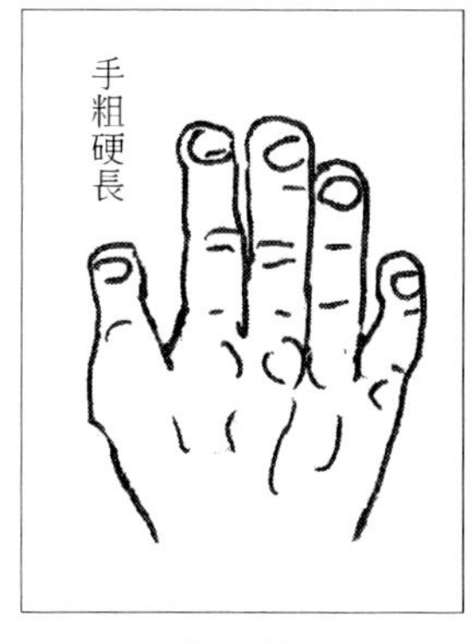

垂過膝，相反以手短不過腰者為忌，細心一想，手生得很短每見於侏儒，這當然是不好，但手長過膝多數見於猿猴，這是個問題所在。

身小手大者福、身大手小者貧、掌厚薄

身小手大的人做大事，身大手小者做小事，猩猩便是，在人則多見於販夫走卒。手厚者福相，手薄削貧相，手粗硬者下等人，手細軟者清貴。至於手的厚薄，亦能看人的身心健康，能力和財運，對人熱誠等等，手掌厚的人能擁有上述的優勢，相反掌薄者缺乏熱情、感情冰冷，健康亦不好。

十指很疏

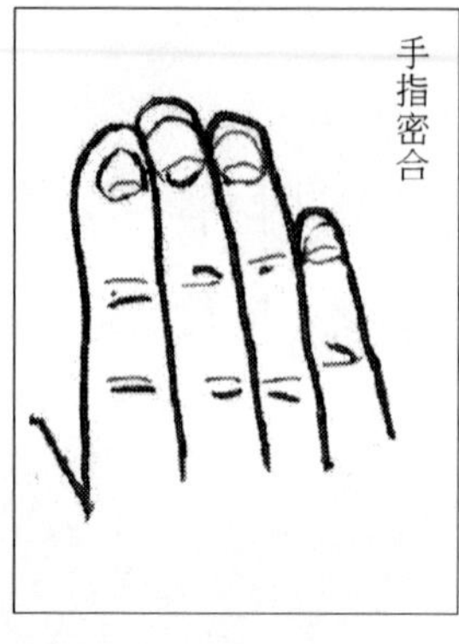

手暖而香，手臭多汗，指纖長，指短禿，指密指疏：：

手掌常保持著溫暖，健康會較好，掌發香氣者，多出現於有修行的人，或練氣功將病氣排清，身體內有香氣散發，是上等之人。相反手臭的人，每見於吸煙或飲酒過多者，體內毒素已影響到肝藏，如此健康亦會很快轉差。

另外又有些人會很多手汗，這是內分泌不調所致，體質較差。手指纖長者聰明，指短禿者愚鈍。

有些人的十指很疏，一般被認為是漏財，手指合上能緊密者，多數有積蓄，能儲錢。指如春筍者是形容指節順滑，不起硬節，若指頭像鼓槌，主頑愚不智且貧賤。

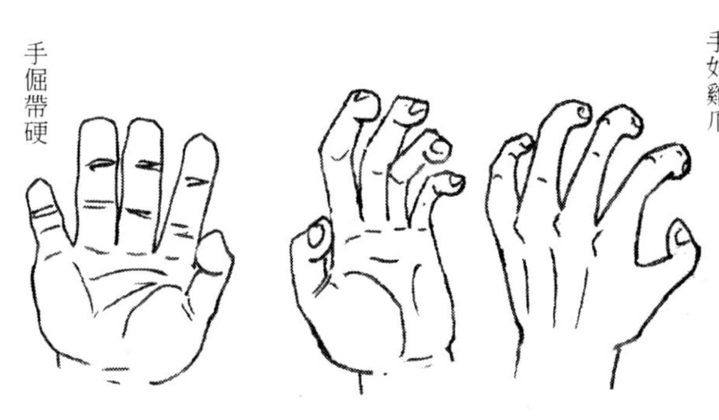

手如雞爪的人，是個機會主義者，心存自私，手倔帶硬，愚魯之人，每多為體力勞動者。手軟如綿則是個為有學識和教養的人。

手皮連如鵝足者至貧。掌長而厚者貴，掌短而薄者賤。掌硬而圓者愚，掌軟而方者富。四邊豐起而中凹者富，四畔薄弱而中凸者財散。掌潤澤者富，掌乾枯者貧。掌紅如噀血者榮歸，黃如拂土者至貧。青色者貧苦，白色者寒賤。掌中心生黑痣子，智而富；掌中四散多橫理者，愚而貧也。

四邊豐起中凹，四畔薄弱中凸

四邊豐起而中凹，是較為理想的掌型，即是掌的邊沿置較厚，各個基位都隆起，因此中間便自然地凹下去，這是富有活力的掌相，皆因掌的中央又為明堂所在，宜其深而能藏氣。相反地，掌的四週肉薄，明堂位置外露，甚至凸起，這種掌的人散慢，做事能力很低。

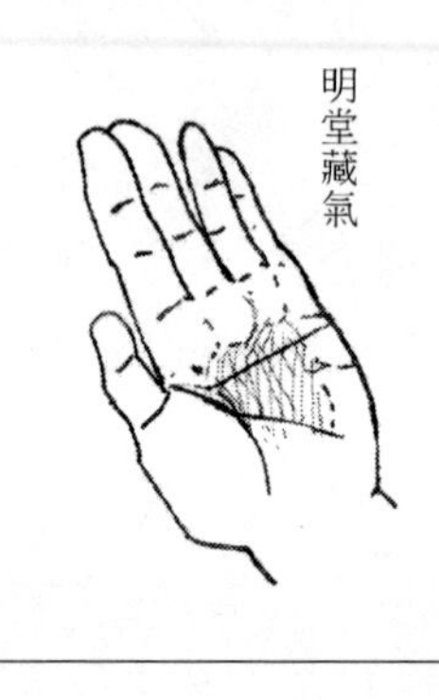

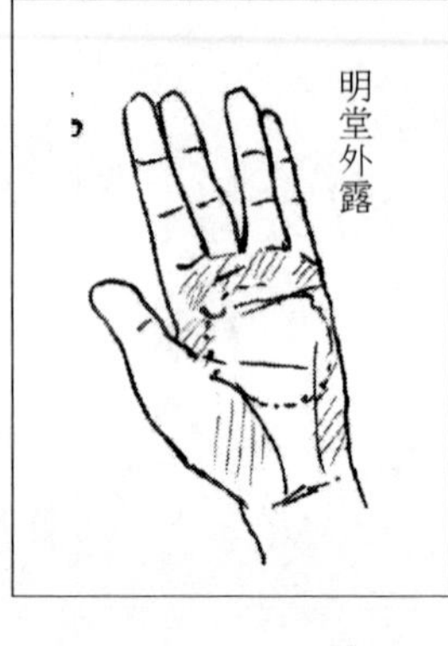

掌色

掌色潤澤的人較富有，掌乾枯者貧困，當然還要看掌紋和面相以配合。掌紅如噴血者，又名朱沙掌，是掌中有點點紅現，是主財運好的象徵。

掌黃如泥土者，即掌混俗，是貧窮相，掌青、

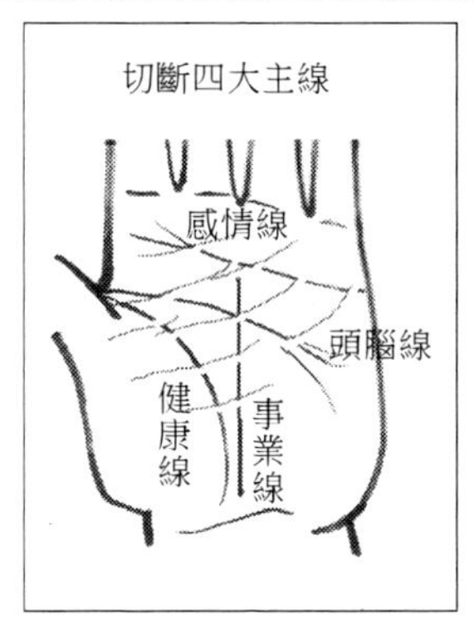

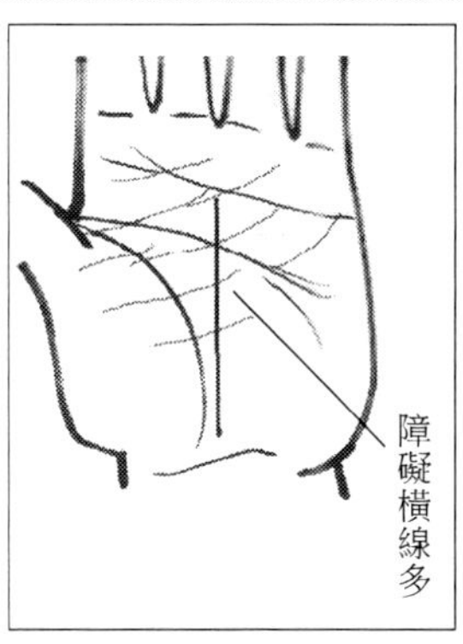

掌白、基本都是貧寒，但宜再配合其它部位一同參看。

掌心黑痣，掌多橫紋

黑痣只宜藏，不宜露，這是看痣的秘訣，因此黑痣能藏在掌心之中，便是最好不過了，這是智慧高超的象徵，而且富貴。另外掌中最忌有橫紋多，因為會對掌中的幾條主要線紋做成干擾，在西方掌相學中，此橫紋名為障礙線，反映人生中會多阻力、多麻煩事和心緒不寧等，如果障礙線切斷了掌中四大主線、感情線、頭腦線、健康線或事業線的話，更會造成種種不同的憂患。

相掌紋

一井二井，錢財萬貫。橫紋過指最為强，壽限無過得久長。若得掌中生十字，一生富貴坐高堂。手背紋多，作事蹉跎，成敗幾次，方得成和，一紋華蓋，二紋破財，三紋多成多敗，剋妻。若說華蓋紋，初主不安寧，交入中限後，末中事方成。又云手之有紋者，亦象木之有理。木之紋理，美為奇材，手之有美紋者，乃為貴質也。故手掌不可無紋，有紋者上相，無紋者下賤。紋深而細者吉，紋粗而淺者賤。掌上三紋：上畫應天，象君象父，定其貴賤；中畫應人，象賢象愚，辨其貧富；下畫應地，象臣象母，主起壽夭。三紋瑩淨，紋無破者，福祿之相也。縱理多者，性亂而災；橫理多者，性急而賤。竪理直上貫指者，百謀皆遂；亂理散出指縫者，事事破散。紋理如亂絲者，聰明美祿；紋粗如橫木者，愚魯濁賤。紋如亂挫者，一世貧苦；紋如撒

糠者，一世快樂。有穿錢紋、辨錢紋者，主進資財；有端笏紋、插笏紋者，文官朝列。十指上紋如旋螺者榮貴，傍瀉如箒筐者破散。十指上橫紋三約者貴，多有奴婢；十指上紋橫一鉤者賤，被驅使。有逸紋者將相，有血紋者無印。有偃月紋車輪紋者吉慶，有陰騭紋延壽這福。有印紋者貴，田紋富，井紋貴，十子者祿。有策紋上貫指，名光萬國；有按劍紋而加權印者，領軍四海。有法關紋者，兇災逆而妨害；有夜叉紋者，下賤而愈窮。大凡紋雜，主大好；而或叉破者，皆為缺陷無成之相矣。

掌上三紋

所謂掌上三紋，簡單來講是指掌中的三才，即天、地、人紋，亦即西方的感情線（天紋）、頭腦線（人紋）和健康線（地紋），而西方掌相重視性格和行為，反而命運少講，事實上掌相學現代的觀點會重視身心表現，講性

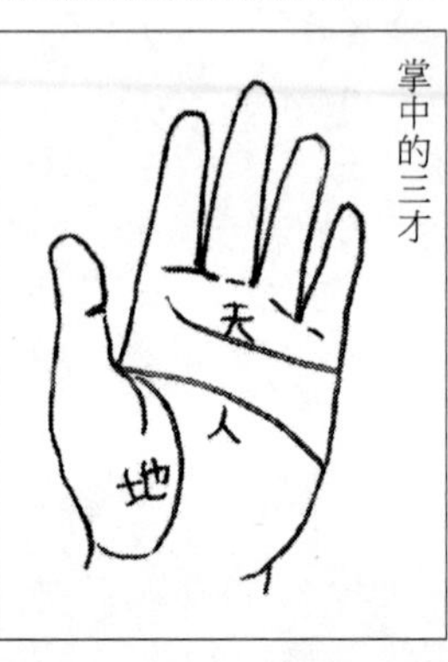

掌中的三才

格所做成的行為，會產生那一種結果，盡量以科學角度來作分析，以適應現代人的理解力。而中國相學中，掌相是一種附屬的相法，主要著眼於掌中符號，反而線紋本身著墨不多，而這裡便有關於三才紋，故加以註釋。

中國掌相以「天紋」應天，象徵君與父，以定人貴賤。「人紋」應人，象徵賢愚，以辨貧富。「地紋」應地，象徵臣和母，主壽夭。

三才天地人紋要瑩淨，即線紋細而深，線紋要帶秀氣，更不能紋破及中斷，主福祿有損，縱紋太多則令主線受干擾，性格也會過於複雜，易生逆滯之運，若然橫紋多時，即前述障礙線多，性急而阻

力多，總之掌紋清，線紋不亂為佳。掌中央基位上，有一條紋直上到指基位者，是為玉柱紋，亦即一條優秀的事業線，是工作上有很大成就且有定力之人。

雜亂紋散出指縫者，作事多敗。掌上紋理如亂絲者，即西方掌紋學的「網狀紋」，有說是可以當明星，因其性格多變，但太亂的紋理，亦會影響到四條主線，始終不好，會思想雜亂無章。若掌紋太粗，橫紋如柴枝者，性格愚魯思想低濁。紋如亂挫亦是障礙線的一種，只是更具有破壞性，其線紋會生得粗短且亂，滿佈於雙掌之上，影響所及，令四大主線都變得不甚清楚。

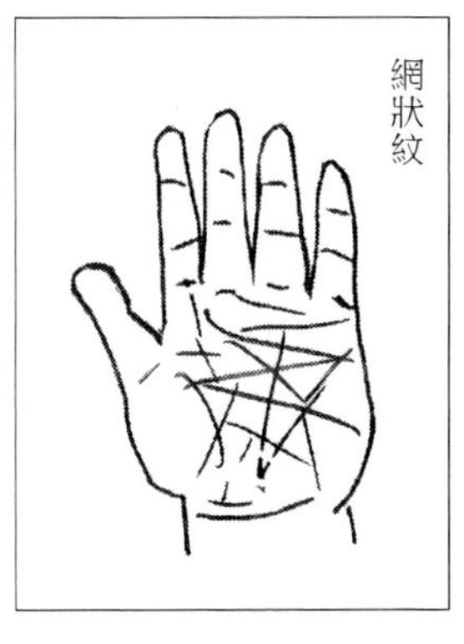

手背紋

手背之紋，其驗尚矣，故有五和之理。五者皆近指上兩節這者，謂之龍紋，主天子之師。下節一為公侯，中節一為使相，無名指有者主要卿監，小指有主朝郎，大指有主巨富。手背五指皆橫紋者，主封侯王；立理貫者，主拜將相。手背食指之本，亦謂之明堂，有異紋黑痣子主才藝高貴，若成飛禽字體者，又為清顯之貴。大指本有橫紋者，謂之玉釧紋，主人敬愛。一紋二紋者，主朝帝之榮；三紋以上者，主翰苑之貴，男女皆同。其紋順滑周匝，若或斷者絕者，取證無驗矣。

手背紋

一般人的手背很少有紋，出現特色符號便更少，本書往後須要保留篇幅，以註釋後面更重要的最後一章，故往後有些文章只能刊登原文。

爪部

爪之為相，亦可擇其美惡，見其賢愚也。尖而長者聰明，堅而厚者壽。禿而粗者愚鈍，缺而落者病弱。色紅而瑩者主貴，色黃而薄者主賤。色清瑩者忠良之性，色白淨者閒逸之情。如桐葉者榮華，如半月者快樂。如甋瓦者技巧，如板瓦者淳重。如尖鋒者聰俊，如皺石者愚下。

論足

上載一身，下運百體，一為身之良馬，一為地之體像。故雖居其至下，而其

功至大，是可別其妍醜，而審其貴賤也。欲平而厚，正而長，膩而軟，乃富貴之相也。不可側而薄，橫而短，粗而硬，乃貧賤之質也。足下無紋理者下賤，足下有黑痣者二千石祿。雖大而薄者賤，雖厚而拘者貧賤。腳下城跟者，福及子孫；腳下旋紋者，名舉千里。腳下薄如板者貧愚，腳下凹容魚者富貴。足纖長者，忠良之貴；足指齊端者，豪選之賢。足厚四寸者，巨榮極富；足排三德者，兩省之權。

足欲平而厚、正而長、橫而短、粗而硬……

足底要厚，但厚之餘也要平，令行路平穩，腳長者站立要正而不斜，這樣才能站得穩，若足橫而短、粗而硬，便會欠缺彈力，是貧下之相。

足底要有紋理方吉，如光滑全無紋理者，是下等人，足下有黑痣，是屬於收藏的吉痣，主福祿雙全。

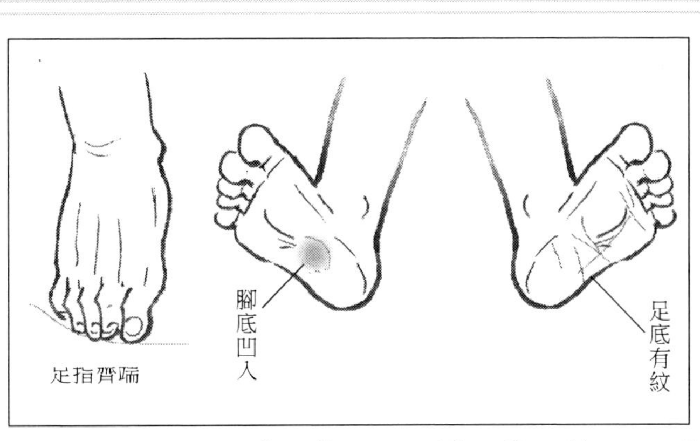

腳大而薄、厚而拘、下城跟、下旋紋、薄如板、……

腳雖然生得大，卻很薄，或生得夠厚，卻很窄者，是貧賤之相。腳下城跟，是指行路和站立時，重心都在腳根之下，這樣便夠穩重了，此相能福蔭子孫後代。腳下有旋紋是奇相當有奇遇。

腳下薄如板者貧愚。腳底凹入者富貴，形容能夠給·條小魚容身。足纖巧而長者多數出身較好，本身有貴氣，足指齊端者和足厚者都是富相。

大體貴人之足小而厚，賤人之足薄而大焉。足下細軟而多紋者，貴相也；粗硬而無紋路者，貧賤。足下有龜紋者，二千石祿；足下有禽紋者，八位之

職。足下五指有五策紋者，平生賢哲。足下有井紋者，升朝之官。足下有錦繡紋者，食祿萬鍾。足下有紋如花樹者，橫財無數。足下有紋如剪刀者，藏鏹巨萬。足下有紋如人形者，貴壓千官。有三策紋者福而祿，有把螺紋者富而貴。兩小指無則是也，兩小指皆有，謂之十螺紋，主性節吝。十指皆無螺紋者，多破散矣。

足小而厚、足薄而大、足下紋⋯⋯

這裡還有一點足底相的補充，大至上貴相者足小而厚，相反大而足下薄削者賤。至於其它各種符號及奇紋異理，均屬於個別例子，只能作為參考。

卷六

黑痣部

夫黑痣者，若山之生林木，地之出堆阜。山有美質，則生善木以顯其秀；地積污土，則長惡，阜以文其濁。是以萬物之理，無所不然。古人之有美質也，則生奇痣以新其貴；生有濁質，則生惡痣以表其賤。故漢高祖左股有七十二黑子，則見帝王之瑞相也。凡黑痣生於顯處者多兇，生於隱暗之中者多吉。故生於面者，皆不利也。黑痣其色黑如墨，赤如朱，善也。帶赤色者主口舌鬥競；帶白色者，主憂刑；帶黃色者，主遺忘失脫。此文理之辨相也。

頭面黑痣

生髮中者主富壽，近上者尤猛貴。額上有七星黑者，主大貴。天中主妨父，天庭主妨母，司空妨父母。印堂心主貴，兩耳輪上主富，耳內主壽，頤上主財。眼胲上主作賊，山根上主剋害，山根下主兵死，鼻側主病苦死。目上窮困多，眉中主富壽，唇上主吉利，鼻頭主妨害刀厄，鼻梁主蹇滯。人中主求婦易，口側聚財難，口中主酒食，舌上主虛言，唇下主破財，口角主失職，承漿主醉死，左廂主橫死。高廣主親妨剋，陽尺主客死，輔角主病死，邊地主外死，轉角主貧下，山林主蠱傷。虎角主軍門，劫門主弓箭死，青路主客道死。太陽主婦吉，魚尾主井亡，姦門主刀殺，天中主水厄，元中主清慎，夫左主喪妻。長男主剋長子，中男主剋中兒，次男主剋次兒。金匱主破散，書上無主職，學堂主無學，命門主火厄。僕使主為賤，嬰門主飢寒，小吏主貧薄，中堂主剋妻，外宅主無屋，奴婢妨奴。雙坑塹主落崖，陂池主溺水，匱上主客亡，三陽主縊死，盜部主姦竊，兩廚主乏食，祖宅主移屋。大海主水厄，年上主貧困，地角主少田宅，牢獄主刑厄之災也。

痣生顯處凶，生暗處吉

記得林真先生曾講過，面上的痣與命運並無關係，林真先生是上一代的知名面相學家，在電視台和著作上，主講新一代的「心理相理」，很受廣大讀者與觀眾的歡迎，林真先生是香港首屈一指的學者，因此，他的見解是值得後學們深思的。

說到傳統相書亦有指出，面無善痣，只有紅色痣為良痣，凡黑痣皆為忌。故出現在面上太過顯眼的黑色痣，都屬於不吉利之痣相，但隱藏著則反而吉利，例如眉中、耳內、鼻翼側、髮際、腳底等等。相反生於最顯眼莫過於鼻樑、鼻頭、眼白、顴骨等等，都屬於不善之痣。基於以上痣相的原則，往後書中痣相這部份的註釋，筆者亦作省略。

手足黑痣

兩肘內近上，謂之厄門，主病厄，兩肘近下謂壁，主富貴，兩肘後主富財，兩肘頭主災厄，兩臂肘屈交中，謂之後收，近腕謂之前收，主伎巧，兩肘外謂之城社，主貴，兩腋下謂之金匱，主富，兩腋畔謂之絲堂，主蠶桑，兩曲池穴外謂之神亭，主邪妄，曲池穴裡，大骨上，謂之盜部，主被盜，兩臂外謂之厄門，主刀傷，兩掌中，主富貴，兩手皆主才巧，兩腿之上，謂之福府，主驅使奴婢，兩腿後謂之淂庭，主福德旺相，兩曲膝後謂之財苑，主牛馬六畜，兩胯骨上下，謂之有威勢，兩膝上謂之玉府，主蓄財帛，兩協刃骨上謂之勞源主奔波勞苦兩腳底謂之寶藏，主封侯伯，足指間謂之外庫，主多僕相也。

身體上下黑痣

兩乳上謂之左右倉，主積財穀，兩乳中謂之男女宮，主宜男女，兩乳下謂之左右庫，主積金帛，兩乳間當心者，謂之福苑，主壽而樂，臍中謂之龍關，主福智，生貴子，臍下兩傍謂之左荒右野，主貴而樂，腹橫紋兩傍謂之逸堂，主性閑雅，富貴快樂，咽喉下近上者，謂之天柱，主得人提攜，近下者主傷死，項上謂之勢源，主有威權之吉，腦後骨上，謂之壽堂，主多壽考，腰當中心，謂之四大海，主守官邊庭，不返而死，兩臂辨者，主有財谷。

男兒貴格

眼勢入天倉，眉清目更長。準圓年壽起，法令貫頤堂。兩眉過耳聳，唇丹口

四方。承漿朝地角，色正見神光。起背如披甲，眉清額又方。官高名四海。萬古播忠良。又云：眉為華蓋眼為星，華蓋高兮眼貴明。地勢朝天乘步穩，必當年少作公卿。

綜合了太清神鑑的前五卷，大家相信對各種相法，都已有一定的認識了，反而往後須要有整體性分析，不作單一解說，在初學面相時，大家都是見到某處，便講那處成敗得失，現在試統一觀，所以愈得到整體的好相，成就便愈高。

比如本文的題目「男兒貴格」，用了十四種部位成就，來表現男子漢大丈夫的貴相，只要大家明白書中所列的十四相時，便可以統一綜觀。十四種相生得好者，其人會在大機構裡工作，並進升為部門主管。後面會精選一些部位作圖，以助大家理解。

法令貫頤堂、承漿朝地閣、地勢朝天

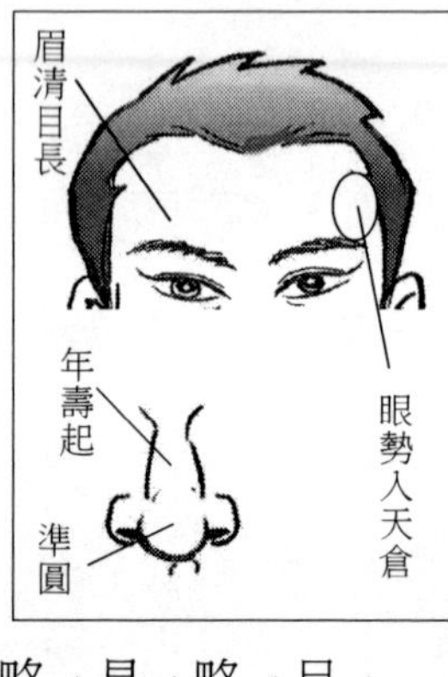

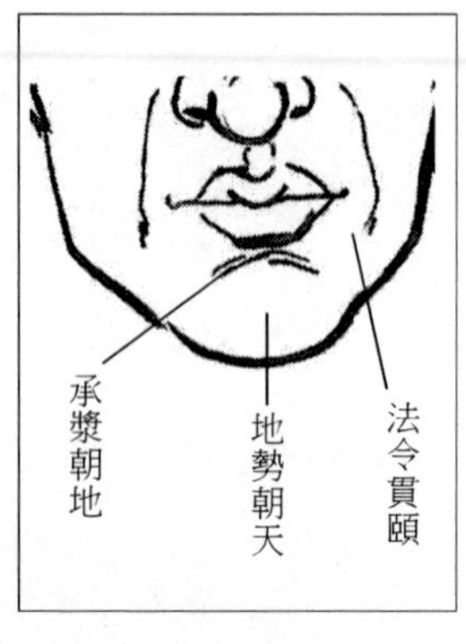

在十四種部位中，至重要是眼勢入天倉和眉清目長，其餘部位大多數都不難理解，只有三種須要略作說明的，其一是法令紋的尾端落在兩頤上，即是法令貫頤堂。其次是下唇之底部為承漿，這裡要略為凹入，故為承漿朝下巴（即地閣）。地閣即下巴朝微朝向前，即為地勢朝天。

兩府格

額廣而平，天庭不陷，鼻隆而直，地闊不尖。瘦人有肩背，肥人神愈清。邊廣地廣，龍骨與虎骨相

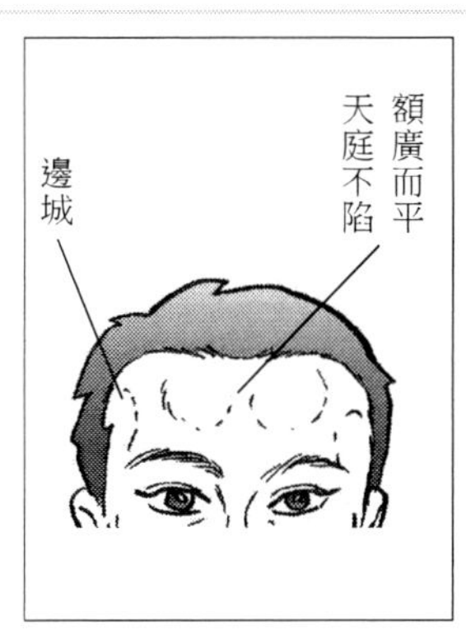

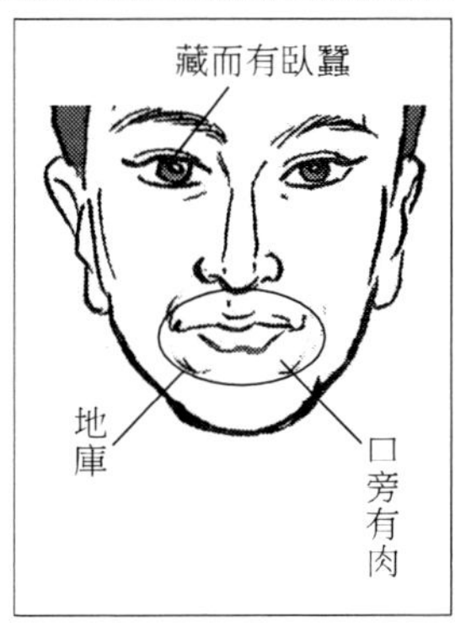

成。肉光滑，眉秀輕完滿。蘭台廷尉分明，耳貼肉而生分明，為五嶽朝正。口旁有肉起，不論肥瘦，天倉不陷。骨隆而肉稱，色正而光，聲不論大小，清圓不破。肩隆有背有胸，上長下短，手足龍虎相吞。目不論大小，神藏不露，眼囊大而藏睛。神貴不亂，厚而不俗，坐穩行輕。此乃兩府格也。

邊廣地廣、眼囊大而藏睛

西漢時，丞相與御史府合稱二府，亦稱「兩府」，這即是說文中所指的廿多種面相，統一起來便能夠當官，現今即能入政府機構，便會有上述各種面相。邊廣地廣其實是指邊地四起，額的上兩邊髮際為邊城，口兩邊下為地庫，四處合稱為邊地，四起者即豐而有肉。另外眼囊大而藏睛，意思是眼肚下微顯的肉，又稱作臥蠶，眼睛不浮露，藏而有臥蠶。

兩制格

瘦人額廣，肥人額平。色正肉滑，髮細鬢清。目藏神而遠，天倉不陷，鼻隆而直，地閣不尖，瘦人肩背厚，肥人神愈清。邊廣地廣，龍骨與虎骨相成。君臣相稱，耳聳金匱平。眉輕清秀，色正而明。

耳聳，金匱平

耳聳即是指耳生得高，一般有個標準，是起碼與眉齊，耳聳即要高過於眉，另外金匱平，是指鼻翼兩邊，名為金匱，要平均沒大小各異，最好還豐厚，是為佳相。

正郎格

瘦人色正，肥人不俗，精神隱藏，鼻直口方，肩背豐隆。瘦人肩背不寒，肥人骨肉相稱，舉止自重。

正郎相

正郎是古代的一種官位，在現今可視為，最高決策人身邊的任職者，處理對外關係，身份地位自然不簡單，不過書中卻只有很少的面相交待，故未能細解。

員郎格

面目神藏而遠，額方骨聳，金匱方平。瘦人肩背不寒，肥人骨肉相稱，舉止貴氣自重。

瘦人肩背不寒，肥人骨肉相稱

這裡講出了瘦人和肥人相稱的法則，就是肩背和骨肉這兩方面了，瘦人很多都會肩背寒露，骨較凸顯，書中說如此便不能當中產階級，至於肥人便很少會寒背寒肩的，因為其肩背肉多而厚，反而要看骨和肉的平均和相稱，肥人多數是肉太多的，肥而擁腫自然不好，肥中亦要結實，以上都是肥瘦者骨肉相稱之要點，配合得好才可以當中產。

男豪富

耳聳天兼長，眉疏口四方。背隆如負物，胸起似昂藏。鼻直兼圓準，色老輔神光。二陽成不陷，顴骨插天倉。手足如綿軟，雙條壽帶長。不唯身主富，更定子孫昌。

長壽祿

耳聳勢兼長，眉清口四方。額方分日月，眼下露神光。鼻直兼圓準，頤方法令長。腦圓成玉枕，地閣輔承漿。牛項兼鶴目，肩隆井灶藏。骨剛過上壽，清德壽無疆。

肩隆井灶藏

關於長壽相而且有祿者，除了上面書中的各種形相外，還要有肩隆，肩膀有肉，但不瀉。另外還提到井灶藏，鼻孔即是井灶，要藏而不露，外露的鼻孔，是財難守之相，收藏的鼻孔，才是能儲起財富的吉相，要注意的是，並非鼻孔細小到看不見便是收藏，這反而是歛財和吝嗇之人，只要不仰露而略為向下便是標準。

地閣輔承漿

承漿的位置在口之下，承托著口部，這等同是承托著福祿，而地閣即下巴，是奴僕宮，此處圓起有肉，即能產生輔助承漿和咀部之力，是為長壽相。

夭壽

眉促又相連，唇輕額又尖。鼻低橫有骨，頭細卻無肩。眼露還無壽，形寒不老年。額虧邊地窄，輪反而朝前。色嫩兼生火，聲焦命豈延。眼光浮泛露，三十入黃泉。

唇輕額又尖，輪反而朝前

唇輕是指咀唇既小又薄，小與薄則輕，加上頭額尖削，決非壽相。另外輪反，是指耳輪不內捲，反而向外開，不見有輪，此即為輪飛，加上耳朵又向前反起，此即俗稱之兜風耳。至於因何事故而導致夭亡，這可從人的面相中得到預知，但主要都須視乎人的眼神而決定，若是雙目神昏濁，每多病故，而目露神則凶死居多。

先賤後貴

額小初年滯，神清色且牢。氣寒神自遠，勢怙意偏豪。光額終成器，頤完祿位高。色黃雖未發，五嶽已相朝。莫道多迍滯，逢時自發苗。不唯官祿位，財帛自相招。

額小初年滯，光額終成器

很多額生得小的人都是少年運欠佳，要過了額運，即入眉眼運三十歲後才有好轉，如眉眼都生得好，便能夠走出滯運而發貴了。另外光額是指額頭有光亮感，這光采之出現於中年便中年有運，出於晚年便主大器晚成。

一般看人先貧後富，每見額低窄，若得眉眼好則少年額運後有起色，最重要還是鼻子和顴骨，此處生得好，便能夠中年發富，扭轉初年之弱勢了。

先富後貧

額廣榮初歲，神清色不牢。鼻高無臉骨，肉薄起聲焦。掌厚還筋露，臍深耳不朝。背雖如負物。胸薄不生毫。色嫩初生好，中年禍必招。君看今已富，終主自蕭條。

先富後貧

額頭廣闊是反映初年運佳，主要表現在學業上，如耳厚垂珠，家庭環境定不會太差，如眉額好，那便少年得志居多，但若雙目欠神，便會反映於出來工作後欠運了，若鼻子失陷更是中年破敗，先富後貧的相，簡單來講便如此看。

四相不露

眼睛露，黑白分明不為露。鼻露竅，山根正不為露。口露齒，唇不褰不為露。耳反輪，貼肉生不為露。又云：一露二露，有棍無裈。露齒結喉，身不自由。鷺鷥類鶴，終是不足。更看骨法形氣決之。

本文無非要講，相中有露本來不好，尤以五官眼鼻齒耳四處為忌，但露而有救則無大礙，有其它部位之配合扶助，這合理地避免一相獨論的觀相缺失，大大增加了準確度。

三停

上停長者大吉昌，中停長者近君王。下停長者皆庸俗，遠走他方主不良。又云：身三停相稱及上下勻調，則為富貴之人也。上長下短，背聳三山，則為

公卿之位。上短下長，腰身怗薄，一生奔波，貧苦之輩矣。

三停相

之前都說過很多關於三停相法，大底要三停勻等，無太大之比例差別，便為吉相，當然還須要看五官五岳等形相為大前提下，其吉凶才能成立。

五大

五大之形：一頭大，二眼大，三腹大，四耳大，五口大。五大者，須得生成無缺陷，則主富壽矣。或頭大而無角，眼大而昏濁，腹大而不圓垂，耳大而無輪廓，口大而唇薄，則反主貧賤也。

八大

八大者：眼雖大，昏且濁；鼻雖大，樑柱弱；口雖大，兩垂角；耳雖大，門孔薄；頭雖大，無骨著；聲雖大，宮商虧；面雖大，薄卻皮；身雖大，停不齊。以上八者，如不相應，則反為貧賤之人也。

五小

五小之形：一頭小，二眼小，三腹小，四耳小，五口小。若五者端正無缺陷，而俱小者，乃貴相也。其或三四小而一二大，則主貧賤。若夫頭小而有角，眼小而清秀，腹小而圓垂，耳小而輪廓成，口小而唇齒正，反為貴人也。

八小

眼雖小，秀且長；鼻雖小，梁柱直；口雖小，棱且方；耳雖小，堅且圓；頭雖小，平且正；聲雖小，宮且高；面雖小，清且朝；身雖小，正且齊。以上八者，有如相應端美，則為富貴之人也。

面相之大小差異

上文中主要探討相之大與小，面相的比例情況，字義顯淺，並無艱深，大家都能理解，其意亦屬於相不獨論，要有配合才有所成，無好的扶持便會欠力等，望讀者能舉一反三，往後看相便能夠有所進境了。

六賤

六賤者：額角缺陷、天中薄下為一賤，背胸俱薄為二賤，音聲雌散為三賤，耳日斜視為四賤，鼻曲低塌為五賤，目無光彩為六賤。有此六賤者，主為供没也。

六極

六極者：身大頭小為一極，男主妨婦，女主妨夫；額狹而小為二極，不得父母之力；目小為三極，主無見識，又主不得朋友力；耳小為四極，主壽命短促；鼻小為五極，主無爵祿，有官亦多失位；口小為六極，主飢寒。犯此六極者，乃寒賤之人也。

六惡

六惡者：一曰羊睛直視，主性不仁，常懷毒害；二曰唇不掩齒，主性不和，難共交注；三曰結喉，主妨妻殺子，多招災厄；四曰頭小，主貧而夭；五曰三停不正，主貧而賤；六曰定立如走，主奔波寒苦。有此六惡，不可與同處矣。

六極六惡

這個也是同一道理，其抽出了六六三十六種的不佳之相，加以標示其缺失之處，與前書及本書的前文都有不少重複，大家稍作理解即可，無須過於執取為宜，一切以面相整體和最特出處作觀察取捨為準。

男剋子孫

兩眼如離舍，唇褰鼻準尖。髮粗眉又重，骨弱下垂肩。車立如寒勢，頭低步縱前。三陽低小，妻室愈難全。色嫩多財破，聲雌沒谷田。六親難偶合，晚歲定孤眠。

三陽低小

看人之兒孫運，主要看眼肚一帶子女宮，另以下停各處為輔，文中所指的三陽低小，眼睛又名為三陰三陽，其指低小，可能是想講眼圍四週的位置，此名龍宮，這裡低陷其人子女運差，每見刑剋。

在此不得不提一件事，看人子孫方面，必須小心，切忌輕言，相者和相學者都要積口德，以免犯下因果。

相無兄弟

耳反家門破，頤尖兄弟孤。假饒三兩個，譬似不如無。

兄弟有無相

相書有云，眉為兄弟宮，所以一向以來相人之兄弟運，都以眉毛為主，其它部位都屬於輔助而已。

孤獨無妻

人生孤獨相何如，骨頰高兮氣不和。更兼魚尾枯無肉，妻子宮中似有磨。

骨頰高、魚尾枯、妻宮有磨

孤相者以僧道為多，也有生於俗世常人，主要是觀其骨格，面頰顴骨等

孤高而骨削肉薄，此孤刑之相，性格剛直欠溫柔，是粗人一個，故很易影響情緣。此外眼尾又為魚尾，此處最忌色枯和骨枯帶陷等，主情緣變異多之象，男子以鼻樑一帶為妻宮，怕年上和壽上見骨無肉，太平坦也忌，此亦妻運欠佳之相。

帶殺格

兩眼如狠目，眉昂勢似侵。神兇兼外射，笑語卻生嗔。舉止如鷹坐，戈鉞生掌紋。色輕兼帶火，聲大返雌音。鼻準尖無信，斜窺定有刑。須知三角眼，法死不須論。

眉昂、神兇外射、笑語生嗔、聲大雌音……

所謂帶殺者，是用以形容凶徒之相，相者必須小心，見之者，以避之則吉為上，別要犯險，妄言妄動，惹禍上身。

一個人的眼神如狼似虎，都屬凶險相，眉昂即兩眉直而垂立，加以神凶而露，放射鋒芒，其人定必心凶性狠，莫見其笑語迎人，其實語中帶嗔怒之心，故防不勝防，切忌與之為伍。至於說到鼻尖、是指準頭尖、眼尖三角形，都屬凶險有禍之相。另外聲大返雌音，即男子尖聲響而刺耳，是指人陰陽怪氣，再配以斜視眼，更是奸惡小人，最要提防。

辨美惡有二十

頭雖圓，折腰肢。額雖廣，尖卻頤。骨雖峻，皮卻粗。鼻雖厚，樑柱低。髮雖黑，粗且濃。眼雖長，眉且蹙。背雖隆，手如枝。胸雖闊，背成坑。舌雖

紅，口吹火。唇雖方，齒不齊。腰雖厚，行如馳。腳雖厚，粗無紋。身雖大，聲音細。面雖白，身粗黑。肉雖豐，結卻喉。面雖短，眼卻長。氣雖清，行步欹。語雖和，神似痴。色雖明，視東西。坐雖正，食淋漓。行止二十種，皆有折除，惡善相雜。若失相者，或富則夭，或壽則貧，或貴則貧，或先富後貧，或先貴後賤，宜精察而裁之。

相之對比

上文的二十種面相都不難理解，要留意的是相與相之間的對比，如何相輔相成，以提升相學的可信性和準確度。總而言之，一切相法皆要綜合判斷，愈是科學化愈能令人信服。

往後是太清神鑑卷六的精華所在「女子相」，筆者執筆至此，希望日後能另作專書出版時再入註釋。

女子相

一陰一陽，其道不可亂；一剛一柔，其道不可易，確然處乎上者，天也；頹然處乎下者，地也。天以剛健為道，地以柔和為德，是天地之常儀，乾坤之大理也。且人之生也，稟陰稟陽，分柔分剛。男資純陽之質也，故其體剛而用健；女受純陰之形也，故其體柔而用弱。

女相根本

本文主要想講男子和女子於天地間的有何分別，古人以易經陰陽之道來作比喻，但看現在世界潮流似乎都有所改變，女性在社會各個領域裡的身份和地位，都跟古時有很大分別，因此有須要略作思想上的調節，男上女下或男尊女卑的時代過去了。

話雖如此，在生理上和儀容上，男女之別尚存，現代的男女關係，怎樣調節以適應現今社會，仍在發展中，大家要以開明的思想，來看待古時的兩性觀點，作者會從中解釋一些較深的文字及詞句，讓大家能更容易思考內容，至於大部份的形相，都在前面講述過的，便作省略，讓讀者自行理解。

若夫男子者，形反柔而懦，性反雌而弱；女人者，形反剛而勇，性反雄而暴，皆非得中正和平之美，是得差忒鬱勃之氣也。故女體性柔和，儀貌秀媚者，富貴貞潔之良；心性剛暴，形質雄惡者，貧賤凶災之兆也。略舉此，見女人之大概也。

差忒鬱勃

男女陰陽剛柔有別，這是由古至今的共識，前文都探討過，據原文所說

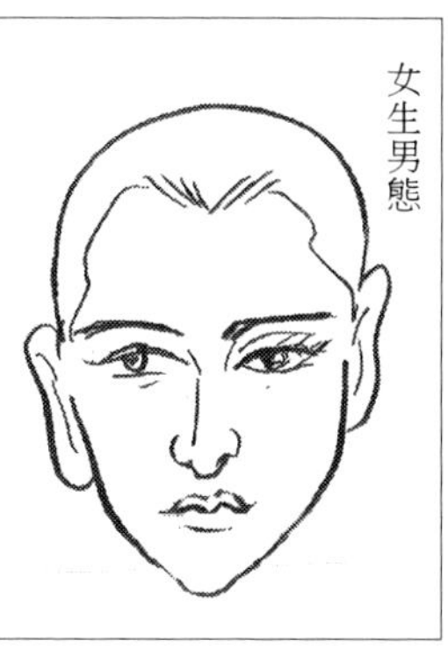

的差忒，是一種怪異行為狀態，屬於外在，鬱勃則反映在精神方面，一種無法抑制的意識形態。

現代的女性已不柔弱，男性亦不一定以一家之主自居，但女性總希望有個能保護她的男子漢在身邊，這似乎古今都一樣。因此女性賢良淑德，仍然是男性的理想對象，多數人的標準。

女人九善

頭圓額平，為一善。骨細肉滑，為二善。發黑唇紅，為三善。眼大眉秀，為四善。指纖掌軟，紋如亂絲，為五善。語聲小圓，清如流泉，為六善。笑

不見睛，口不見齒，為七善。行步詳緩，坐臥端雅，為八善。神氣清媚，皮膚香潔，為九善。女人有此九善，為邑封之貴也。

笑不見睛、口不見齒、邑封之貴

女人九善中有兩善可作細解的，一是笑不見睛，笑起來沒有登大雙眼，二是笑起來沒有露出牙齒，這無非是要說女性斯文大方，不現輕狂之態，便是大有貴氣之佳相。

女人九惡

蠅面為一惡，主妨夫。結喉為二惡，主招橫禍。蓬頭為三惡，主下賤。蛇行雀步為四惡，主貧賤。眉逆而交為五惡，主窮下妨剋。鼻上生句紋為六惡，

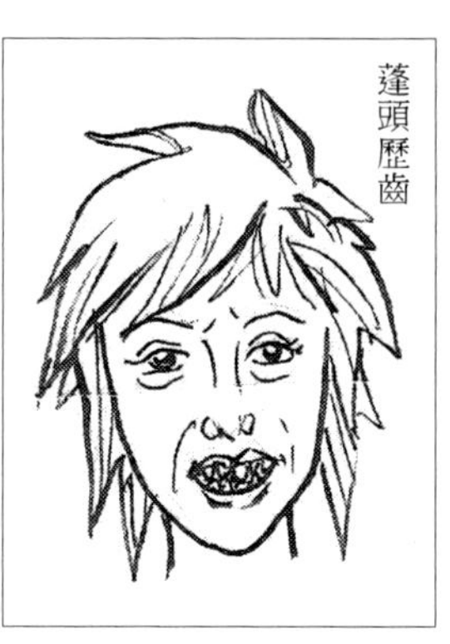

主妨剋招厄。目露四白為七惡，主毒害凶狡。雄聲為八惡，主剛暴再嫁。旋毛生鬢為九惡，主頑賤剋子。女人有此九惡，不可同居矣。

蠅面、蓬頭、勾鼻、旋毛生鬢

蒼蠅面者，是指女性面上多幼汗毛，蓬頭者語出於漢典「蓬頭歷齒」，頭髮蓬亂，牙齒稀疏。是形容衰老的容貌。至於女子勾鼻活像女巫，自然是災害。而女性很少會鬢生旋毛的，反而多見於額上兩邊，此處有很多幼細汗毛旋生，是幼年苦命寒薄之女相。

女人貴賢部

龍角纖纖細起，直入髮際者，后妃。天中印堂有肉環起者，后妃，激者夫人。伏犀隱隱而起者，郡主。龍角、虎角、輔角隱隱皆起涉入額者，並主將帥夫人。頭圓項短者，主富；額平面方者，主貴。眉長而秀者賢婦，眼秀而清者貴閣。鼻直如削者，貴而多壽；眉分八字者，性和而福。口細有棱者，令婦；舌如蓮花者，淑質。唇如硃砂者，令妻；齒如石榴者，命婦。

龍虎角骨起、鼻直如削、八字眉、口細有棱

女性的額頭龍虎角起，是主威武之像，亦有強勢運，女性則很少會有這樣的額，即使有亦不太好，這主要是想講女性不要太過剛強，有亦要隱隱而起便是最好。女子的鼻相信最怕的，便是薄削見骨了，這類人性性直率無

鼻削見骨

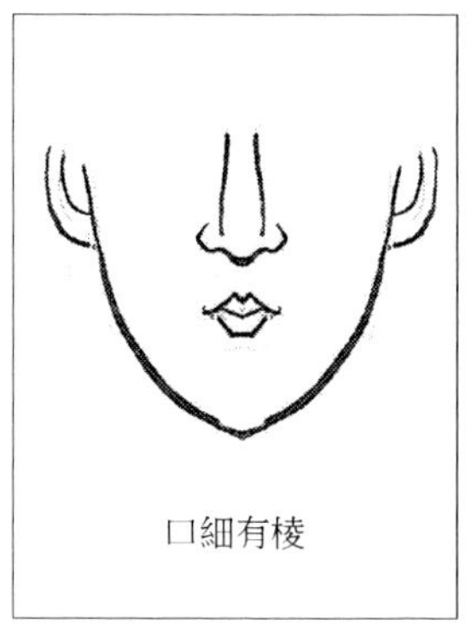

口細有棱

情，男性內心怕受其傷害。八字眉在男性來說會傾向於太柔故不好，女性則沒有問題，其實只要出來社會做事，工作態度和待人處事，都不能太柔弱怕事，要堅強有氣節，這與男性分別不大，但若是位家庭煮婦的話，又當別論，皆因她犯不了太強。

最後是女子口細有棱，咀有棱角起，是賢良婦女，男女皆吉，而女性何以要口細有棱呢？主要是古時要求女性口不能太闊和太大，可能怕她會不安於家室吧，有句話「男兒口大食四方，女人口大食窮郎」，我們還是聽聽便算，事實上現今社會上，隨便都可以舉出幾位口生得闊大的成功女性來，見以下影星：安吉麗娜朱莉，安妮·海瑟薇，茱莉亞

羅拔絲、芳艷芬、梅艷芳、舒淇、張惠妹。似乎在歌影藝能界中，女性更須要有「食四方」的個性。

人中深又直者，多子；目下潤澤者，宜兒。耳紅而圓者，貴婦；耳成輪廓者，賢富。左耳厚者，先生男；右耳厚者，先生女。唇多紋理者，多子；頤生重頷者，富豪。髮青黑如細絲者，貴婦；掌紅如綿者邑封。骨細而肉膩者，貴質；肉潔體香者，令相。性緩氣柔者，福壽；神靜色安者，貞潔。笑而閉目者，和美；行而詳緩者，淑麗；掌中足底生黑痣者，貴而益夫；腋下乳間生旋毛者，善生貴子矣。

人中深直

女子的人中，是看子息生育的主要部位，要深也要直，這代表子女運好，生育力強，生體健康。

女人賤惡部

頭尖者下賤，額狹者貧厄。額角有旋毛者，再嫁、惡死；額狹而髮垂者，貧窮、災禍。髮捲攣及赤黃者，窮下；鬢蓬枯燥而粗硬者，厄惡。眉粗濃而逆生者，妨夫、產厄；眉薄散而頭交者，重嫁、害子。目露而白者，妨夫；目深而偷視者，姦私剋害。目下有壅肉者，死厄剋兒；赤縷貫睛者，產難。目生三角者，兇惡；目大而平滿者，淫邪。瞻視不正、瞳子橫者外情；鼻陷孔露者，貧下剋夫。鼻尖曲者，狠毒貧賤；人中平狹者，無子。

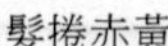

額角有旋毛，髮捲赤黃，目露而白，目深偷視

女子額角上的細小汗毛旋生，少年命運坎坷，影響了感情路，頭髮捲曲且黃，這每見於外國人，但歐美的人髮較柔順光澤，不同於非洲貧民那種枯黃捲曲的頭髮，要捱盡戰爭、瘟疫、飢餓與貧苦。

至於亞洲人便較少見有捲曲髮質，偶而也會見到天生鬈髮的人，若論吉凶，以先天差於後天，經後天電髮成捲曲的人，十分普遍，隨處可見，又豈能反映現實。

至於目露四白是凶相，男女皆為之大忌，而目深偷視的女性，是指雙眼深陷，又有斜視眼，主淫邪之相。

兩頭頰高危者，兇暴；口如吹火者，孤孀。口如一撮者，貧賤；口大而綽者，窮當三嫁。口薄而尖者，心懷毀謗；唇薄如一字者，下賤毒性。唇起如龍嘴者，剋夫惡死；唇褰齒露者，妨害壽夭。唇青舌黑者，淫穢下賤；耳反而垂者，妨夫害子。目小黧黑者，命短窮困；面横生顴骨者，不良害夫；蠅生麻點者，孤窮剋子。面凹而額窄者，貧下；額尖而鼻綽者，賤苦。項薄似馬面者，妨夫；項長結喉者，自害。手短而指禿者，下賤貧苦；足闊而脚薄者，寒窮奔波。遍體生粗毛者，性頑孤寡；兩腋下生硬毛者，身賤而下。肉粗骨硬者，一生寒賤；皮薄而氣臭者，百年窮苦。聲雄而大者，妨夫不良；聲小而破者，無財多破也。

掩口笑者外情，搖膝坐者偷濫。乳頭小狹者，無子無財；乳頭小白者，絕子絕貴。胸高臀凸者，一生為婢；腰折而項癭者，百年孤苦。行如奔馬者，妨夫下賤；行如馬跳者，奔波窮。頰赤而燥者，性暴妨害；氣濁而神昏者，主多災厄。目下有羅紋者，殺夫害子；目下

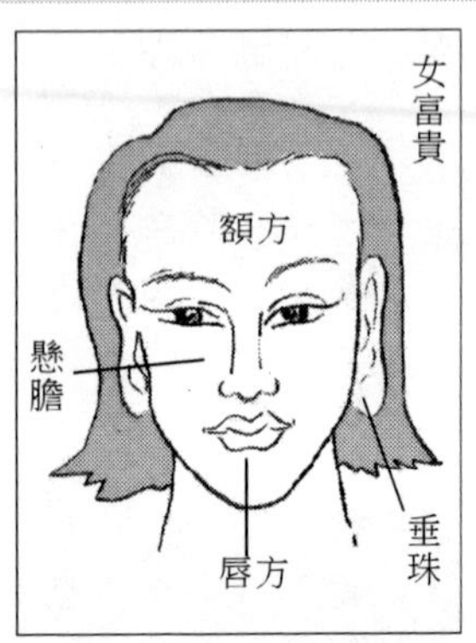

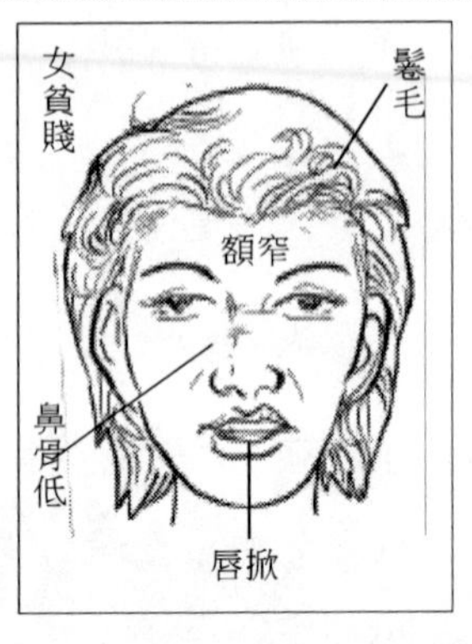

有立理者，孤孀無子。目上斜紋者，嫁必私逃；井灶有紋者，要必害夫。有釣理者，淫盜妨夫；有立理者，惡死。人中有橫紋者，害殺夫。其餘女人之相，與男無遠。更以前諸男子相一一推之，貴賤吉凶，可自命矣。

男女相無遠

這裡似乎是總結了女相的看法，最後都是與男相看法無太大差異，因此上面很多列出的女相，有些都說得過於武斷，在相無獨論，綜合觀察的原則下，那些因一個相徵而斷成絕子絕貴，一生為婢等評語，都應該避免輕言輕信為宜。

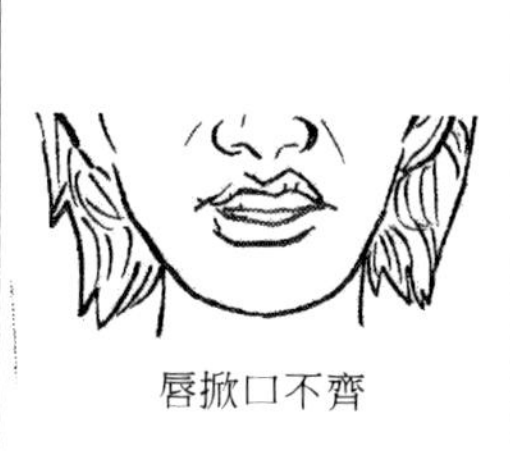

唇掀口不齊

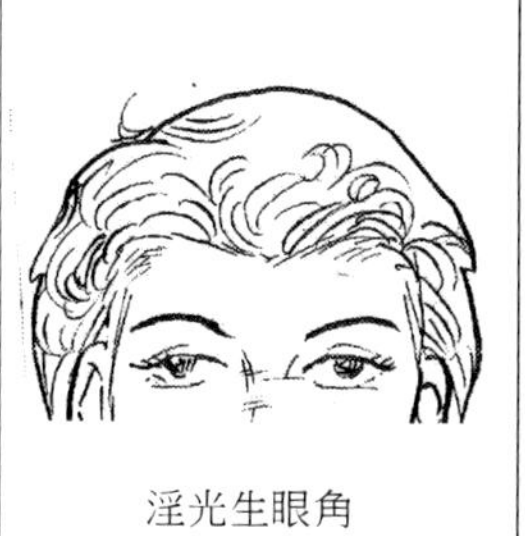

淫光生眼角

女富貴

鼻直如懸膽，唇方口似胚芽。眉踈並眼秀，齒白更方頤。耳聳垂珠軟，神和色又怡。額方分日月，體白潤香肌。坐穩如山立，神嚴貌不卑。莫言當自貴，更主子孫奇。

女貧賤

額窄又高眉，唇掀口不齊。面輕身鐵硬，體薄更無威。耳小垂珠淺，鬢毛鼻骨低。哭形湏再嫁，鬼臉定無兒。淫光生眼角，嫉妒更姦欺。莫言今受苦，晚歲更孤淒。

婦人孤獨

婦人眼下肉常無，不殺三夫殺兩夫。見人掩口笑不斷，愛逐行人半夜逋。

女相富貴與貧賤

前面已盡量把所描述的部位形相繪制出來，供讀者作參考，但書中一些太武斷和遍面的言詞，相信是從坊間搜集得來，筆者到了最後，仍然是那一句，「相無獨論」，只要緊守這一個原則，相信各位看相的功力，必能與時增進。

後記

本書分拆成兩部，這並不是件新鮮事，過去作者都有過不少作品是分上下冊來寫的，最後便合拼為（全書），主要是因為原著太厚，也為了方便讀者收藏，如此在出版及寫作上，都帶來一些方便，只要是一直留意我作品的讀者，一定不會搞亂，以前如是，相信未來也會如是。

太清神鑑最後談到女子相，令筆者記起年輕時，曾在報章每天選寫女相專欄，又把文章結集成書，名為「女相書」，當時也是分成甲、乙、丙篇三部出版，這也成為了我的首部相書處女作，這部作品出版後受到各界的好評及關注，成為長銷書，近年再出新版，亦很受歡迎。

相信未來「女相書」將會再次推出，但望讀者諸君能留意心田文化易天生的官方社交平台，那裡有最新的新書資訊，可得知本書正式出版之時間。

易天生寫於２０２１年１０月六日

易天生老師

兩部闖出國際的作品

心田文化出品

命相經典！

第一部作品：

神相金較剪

於台灣全國發行

第二部作品：

五官大發現

於南韓全國發行

나의 인생, 나의 미래, 얼굴에 답이 있다

- 홍콩 관상학의 대가 이티앤성(易天生) 선생과의 관상 간담회 -

만화로 쉽게 보는

관상

눈, 코, 귀, 입, 눈썹
오관(五官)으로 운명을 보는
쉽고 재미 있는 관상 입문서

출간을 기념하여
구매 독자 여러분의 관상을
봐 드립니다
선착순

『관상수업』의 저자
백수진 교수의
관상 해설과 통역

일시 : 2019년 4월 6일(토) 오후 2시
장소 : 교보문고 대구점 3층

문의 : 도서출판 나들목
02-927-2345

易天生老師於2018年遠赴南韓大邱市，最大書店教保文庫，頂層舉行作者簽書會，並與當地讀者作即時交流，解答在場人士的相學問題。

南韓大邱
活動實錄

轉載自易天生官方網站社交平台：

facebook.com/tcwz55

謝果知
4月6日下午9:59 ·

心情好緊張

見証五官兒子在南韓的...旦生

文樂和其他30人　　6則留言

謝志榮
2小時 ·

南韓大邱最大的書店"教保文庫"

新書經已在南韓出版，四月六日星期六，出版社安排了一場活動，在教保文庫舉辦與南韓讀者朋友的見面會。

心情有點緊張。

謝果知
4月8日上午9:19 ·

教保文庫書店門口

放上了我今天交流活動的宣傳

單，慚愧一就。

文樂和其他30人

謝果知
4月7日上午9:15 ·

五官的韓文翻譯…申美愛小姐

我本書國語夾雜廣東話，又多名詞術語，一点也不好翻譯，申小姐可謂勞苦功高。

文縱 · Hui Chi Yeung和其他25人 5則留言

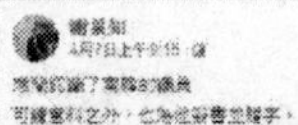

謝果知
4月8日上午6:39 ·

分享會正式開始

現場坐滿了來自南韓各方的讀者朋友
感謝白水振教授為我翻譯
準備了一晚的講稿，和拿了一些作品
都展示出來，起初還有点緊張
也漸漸平穩下來

謝果知
4月7日上午5:53 ·

教保文庫內五官廣告宣傳

每層都設海報
真的十分重視我這本書。

謝果知
4月9日上午6:04 ·

在韓國的女讀者

大邱一間很別緻的咖啡店
為老板娘簽名留念。

41 4則留言

謝志榮
4月9日上午10:44 ·

那天讀者會上，還介紹了…

我未來的小書童降臨，因此那天大家都很捧場購書，心裡十分感謝南韓讀者，和專程由首爾出版社前來的兩位小姐，一早在書店作妥善安排。

還有白教授和申小姐的幫忙翻譯，才令今次活動得以成功。

謝志榮
4月12日下午8:39 ·

出版社安排了

交流會因讀者的熱情超了時
結束後立即趕去這間充滿韓藝特色飯店
共進晚餐。

謝志榮
4月8日下午7:13 ·

活動完畢，為在場的南韓朋友簽名

收到各方面的回響
是次新書發佈會獲得好評和成功。

文燦、Amino Acid和其他122人　32則留言

謝志榮
4月12日上午11:51 ·

交流會圓滿結束

書店上工作的讀者朋友, 帶了太太來捧場, 高興又添一位新讀者啊。

文燦和其他30人

心田文化　pubu電子書城

西遊解心經　繪本電子版

◎本書目標是時下的青少年，故創作形式走淺白的路線，從生活中增長智慧。

◎採用一頁文字一頁漫畫的方式解心經，圖文配合更能理解經文。

https://static.pubu.tw/ebook/81737

五官大發現　香港電子版

pubu.com.tw/ebook/82347

在南韓全國發行

易天生　得意之作

相學一向以來都令人覺得嚴肅，而漫畫卻相反地給人一種很兒戲的感覺，兩者連結在一起時，所產生的化學作用又會是如何呢？這點相信會很有趣。

電子版全球發行中，期待有你的支持！

另一邊箱靜靜地起革命，
精選電子著作，
正式於海內外推出，
走在時代前端的你，
就嘗試一　這個閱讀模式吧。

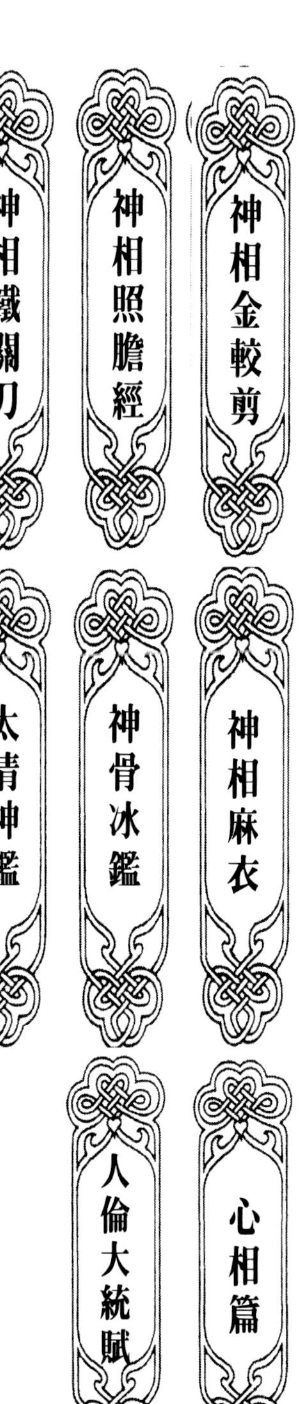

心田文化近年份量極重的相學長銷作品！
易氏最新著作：【太清神鑑　五行形相篇】
以上各書皆因印量不多，故每推出市面不久便售罄，欲購從速，如買不到的話，也可以在各大書局及合玄學書專門店落單訂購或致電本社。

心田書目

書名	系列	書號	定價
太清神鑑 綜合篇	命理操作三部曲系列(20)	9789887715061	$120.00
太清神鑑 五行形相篇	命理操作三部曲系列(19)	9789887715030	$120.00
課堂講記	命理操作三部曲系列(5)	9789887715009	$120.00
易氏格局精華	命理操作三部曲系列(4)	9789881753755	$160.00
五行增值	命理操作三部曲系列(3)	9789881753755	$100.00
六神通識	命理操作三部曲系列(2)	9789889952679	$90.00
八字基因升級版	命理操作三部曲系列(1)	9789881687807	$130.00
神相金較剪(珍藏版)	中國命相學大系(1)	988987783X	$130.00
人倫大統賦	中國命相學大系(4)	9789889952600	$70.00
八字古詩真訣	中國命相學大系(5)	9789889952648	$100.00
神相鐵關刀全書全書	中國命相學大系(13)	9789887715054	$160.00
滴天髓古今釋法	中國命相學大系(8)	9789881753762	$100.00
玉井奥訣古今釋法	中國命相學大系(9)	9789881877017	$100.00
世紀風雲命式	中國命相學大系(13)	9789881687715	$100.00
滴天髓命例解密 全書	中國命相學大系(18)	9789887715092	$160.00
神相麻衣全書	中國命相學大系(12)	9789887715016	$160.00
命理約言	中國命相學大系(14)	9789881687772	$100.00
心相篇	中國命相學大系(15)	9789881687845	$100.00
神相冰鑑	中國命相學大系(16)	9789881687890	$100.00
神相照膽經全書	中國命相學大系(17)	9789881687746	$160.00
掌相奇趣錄	知命識相系列(7)	9889877864	$60.00
命相百?通	知命識相系列(6)	9889877856	$58.00
男女掌相夾緣份	知命識相系列(6)	97898817537	$58.00
面相玄機	知命識相系列(4)	9789881753731	$65.00
面相理財攻略	知命識相系列(5)	9789889952693	$58.00
陰間選美	末世驚嚇(1)	9889877872	$46.00
聆聽童聲	童心系列(1)	9889877880	$46.00
五官大發現(漫畫)	玄學通識系列(1)	9889877821	$38.00
拆字天機全書	玄學通識系列(4)	9789881877000	$130.00
字玄其說	玄學通識系列(3)	9889877899	$68.00
玄空六法現代陽宅檢定全書	玄空釋法系列(1)	9789887715085	$160.00
風水安樂蝸	玄空釋法系列(2)	9789881687869	$88.00
八字財經	玄空通識系列(6)	9789881687838	$100.00
玄易師(相神篇)	心相禪系列(3)	9789881877055	$68.00
真武者之詩1 武狂戰記	超動漫影象小說 (1)	9789881753793	$66.00

真武者之詩２　戰東北　超動漫影象小說　(2) 9789881877013　$68.00
真武者之戰３地界七層塔　超動漫影象小說　(3) 9789881753793　$68.00
真武者之神　神龍記　超動漫影象小說　(4) 9789881687739　$68.00
三國日誌　ＮＯ．１　人工智能漫畫系列　01　9789889952624　$48.00
三國日誌　ＮＯ．２　人工智能漫畫系列　02　9789889952631　$48.00
海嘯風暴啓示錄　ＮＯ．１　人工智能漫畫系列　03　9789881753748　$48.00
西遊解心經　人工智能漫畫系列　04　9789881687852　$68.00
鬼怪事典1　超動漫影象小說　(5) 978988168771　$55.00
鬼怪事典2　超動漫影象小說　(8) 9789881687777　$58.00
鬼怪事典3　超動漫影象小說　(12)　9789881687722　$68.00
鬼怪事典4　超動漫影象小說　(13)　9789881687883　$68.00
鬼怪事典5　超動漫影象小說　(14)　9789881175023　$68.00
鬼怪事典6　超動漫影象小說　(15)　9789881175047　$78.00
漫畫時代1　超動漫影象小說　(6) 9789881687753　$55.00
神龍記　上　漫畫＋小說版　超動漫影象小說　(7) 9789881687708　$60.00
大聖悟空　1　微漫版　超動漫影象小說　(9) 9789881687784　$65.00
大聖悟空　2　微漫版　超動漫影象小說　(10)　9789881687821　$65.00
大聖悟空 3 微漫版　超動漫影象小說 (11)　9789881687876　$65.00
查詢圖書資料　電郵地址：tcwz55@yahoo.com.hk 聯絡：謝先生

【補購站】

電話：9053476

（讀者卻補購以上書籍，請往下列書局，可享折扣優惠）

陳永泰風水命理文化中心　23740489
九龍彌敦道242號立信大廈2樓D室

上海印書館　25445533
香港中環德輔道中租庇利街17-19號順聯大廈2樓

鼎大圖書　23848868
九龍油麻地彌敦道568號僑建大廈五樓

陳湘記書局　27893889
九龍旺角通菜街130號

星易圖書　39970550
Email：xinyibooks@yahoo.com.hk.

魚·癒
Good Mood Magic

一本人人都學得會、用得著的家居佈局專書。

讀得明……用得著

玄空釋法系列：1

以人取極，分成「宅極」與「人極」，以宅極視為關乎全屋整體之氣運，人極則是個別分房的個人運數，家居除了在全屋中央立一個「大太極」外，其餘尚要在屋內每一個區域間隔上另立「小太極」。

住在細小的單位裡，人亦難以伸展？在香港叫「蚊型單位」，中國叫「蝸居」，台灣叫「小坪數」，日本叫「部屋」，怎樣細小的空間，也可以用智慧去改善它，這正正就是風水所要做的事情！一切先天上的缺點，人類都能夠解決、

讀得明……用得著

玄空釋法系列：2

二書經已 合拼為全書推出

良種紙上播　　善筆植心田

太清神鑑
綜合篇

中國命相學大系 20

作者／易天生
出版／心田文化
封面畫作／謝志榮
地址：香港干諾道西135號錦添工業大廈R樓十三室
面書專頁：facebook.com/yitis55
出版社專區：facebook.com/yitis55255
電郵地址：tcwz55@yahoo.com.hk
網址：comics.gen.hk
美術／果知
排版／心田文化
印刷制版／卓智數碼印刷有限公司
地址：九龍荔枝角醫局西街 1033 號源盛工業大廈 10 樓 5 室
電話：27863263
發行／：香港聯合書刊物流有限公司
地址：香港新界大埔汀麗路36號中華商務印刷大廈地下
電話：23818251
初版日期：2021年11月 初版
定價：HK$一百二十元正

國際書號ISBN:978-988-77150-6-1